GANDHI

GANDHI

Grupo Editorial Tomo, S.A. de C.V.
Nicolás San Juan 1043
03100 México, D.F.

1a. edición, enero 2002.
2a. edición, junio 2003.
3a. edición, marzo 2005.
4a. edición, julio 2006.
5a. edición, enero 2013.
6a. edición, septiembre 2015.

Nicolás San Juan 1043, Col. Del Valle
03100 México, D. F.
Tels. 5575-6615, 5575-8701 y 5575-0186
Fax. 5575-6695
www.grupotomo.com.mx
ISBN: 970-666-461-0
Miembro de la Cámara Nacional
de la Industria Editorial No. 2961

Proyecto: Luis Rutiaga
Diseño de Portada: Emigdio Guevara
Formación Tipográfica: Servicios Editoriales Aguirre, S. C.
Supervisor de producción: Leonardo Figueroa

Impreso en México - *Printed in Mexico*

Contenido

"Él es el único, el iluminado, la fuente de todo,
el Mahatma.

Siempre vivió en el corazón de su pueblo
por el gran amor que nace de su espíritu:
Aquel que lo conoce se hace eterno".

Rabindranath Tagore, 1922

"Las generaciones que vendrán,
puede ser, que apenas crean, que una
persona como esta, de carne y hueso,
caminó sobre esta tierra".

Einstein

"He aquí al hombre que ha sublevado a
trescientos millones de hombres,
y quebrantado el imperio británico".

Rolland

"La independencia de la India
ha convertido a Gandhi en un mito".

Russell

"No ha existido un espíritu más puro,
noble, valiente y elevado en el mundo".

Gohale

"Hay que eliminar la sordidez y la miseria,
y para llevar a cabo dicha tarea se precisan héroes que corran
el riesgo de mancharse las manos".

Toynbee

Prólogo

Cada cierto tiempo, a esta humanidad niña se le otorga la visita de un soñador. Son los soñadores, hombres y mujeres especiales, los que abren las puertas de un mejor futuro.

Cada uno aporta una parte de ese sueño en el que todos vivimos dormidos, con un único objetivo: que la humanidad pueda despertar.

Los soñadores han cambiado la historia de la humanidad, han dado su vida por un sueño y han demostrado que ni la muerte ni el tiempo podrán vencer el poder de ese sueño.

Tal vez por ello, por la fuerza, por el valor, y por creer en ellos mismos, el sueño que mostraron sigue viviendo en el corazón de los hombres que esperan al nuevo soñador.

Esta es la historia de un soñador, Gandhi. Pero de un soñador que llevó sus sueños a la práctica.

La más conocida estampa de Gandhi nos lo presenta desdentado y calvo, con el escuálido torso semidesnudo bajo los pliegues de su blanco *dhoti*, mansamente tendida a sus pies una cabra y acariciando el aro de una rueca. *Dhoti*, cabra y rueca son, en Gandhi, tres símbolos: el *dhoti* es el retorno a la genuina tradición hindú; la cabra, cuya leche le alimenta, su frugalidad ascética y primaria; la rueca, el arma invencible con la que un pueblo de labriegos y pastores acabaría triunfando sobre todo un Imperio.

Mohandas Karamchand Gandhi, puede ser considerado con toda justicia, como la figura más importante de todo el siglo XX. Por sus enseñanzas y práctica de las mismas fue proclamado Mahatma (alma grande o gran alma) por Rabindranath Tagore, en su Universidad Libre.

Incomprensible aún hoy, pero con esa verdad y fuerza; y su propio magnetismo como individuo superdotado de fuerzas espirituales (o como queramos denominarlas) dio la independencia a la inmensa India, lo que marcó la definitiva caída del todopoderoso Imperio Británico, el que fuera derrotado por Gandhi, sin necesidad de… "disparar un solo tiro".

Alguien dijo de él: "Caminó a nuestro lado, nos dirigió la palabra, nos enseñó a vivir de manera civilizada. Él que no ha sido injusto con nadie, no tiene por qué temer a nadie. Al no tener nada que disimular, nada le asusta. Puede mirar a todo el mundo a los ojos. Anda con paso seguro, con la frente alta. Es toda franqueza y lo que dice consigue su finalidad".

Gandhi, padre espiritual y político de la independencia de la India. Durante medio siglo promovió dos doctrinas para librar a su patria del dominio socio-económico de Gran Bretaña: la "ahimsa" y la "satyagraha".

"Ahimsa", es un concepto hindú traducido habitualmente como no-violencia y resume la vocación de respeto integral hacia toda entidad viviente, ya sea humana o animal, pues la vida es considerada como Una y Sagrada. Expandido y enriquecido a través de la historia, equivale a un estado moral que inhibe todo acto que pueda perjudicar a cualquier criatura.

Gandhi no sólo llevó los principios de la "ahimsa" a su mayor expresión dinámica sino que la expandió hacia la "satyagraha" (sostenimiento de la verdad, resistir la ignominia mediante recursos no-violentos). Ambos términos aparecen en todo su activismo político-espiritual enfocado en la lucha contra el dominio británico de la India. En sus discursos, escritos y plegarias los invocaba sin cesar, como parte de una visión transformadora de la realidad individual y social. En sánscrito, "sathya" significa "verdadero" y toda la existencia de Gandhi -abogado de profesión, formado en Londres- fue una batalla por la conquista de la verdad.

El Mahatma Gandhi, líder nacionalista y reformador religioso, recibió un gran impacto intelectual causado por la obra literaria del pacifista ruso León Tolstoi y por la esencia del pensamiento cristiano. La secta fundamentalista que decidió su eliminación no le perdonó que defendiera a los "intocables" (casta inferior de la India, considerada "sucia" y con la cual todo contacto es una profanación, según las clases "altas" hindúes), que promoviera la elevación de la edad para el casamiento, o que proclamara el derecho de las viudas jóvenes a contraer matrimonio nuevamente.

La "satyagraha", decía Gandhi, "es la reivindicación de la verdad, no mediante el infligir padecimientos al contrincante sino sobre el propio ser". Tal activismo ascético exige ante todo un potente autocontrol, pues las "armas" que lo tornan "satyagraha" residen en el alma. Es una herramienta pacífica: cuando las palabras no alcanzan para convencer o disuadir al adversario, se recurre a la pureza, la humildad y la honestidad. No se trata de comprimir, convertir o aniquilar al oponente, sino de "redimirlo del error mediante la paciencia y la simpatía". Hasta las últimas consecuencias.

Hay sucesos que resultan magníficos para distinguir la calidad espiritual de Gandhi, uno de ellos, los ayunos. Hay dudas en todos aquellos que no los entienden. Y, sin embargo, ¿qué alma noble no habrá obtenido enseñanzas de esto al meditarlo bien? El Mahatma se dispone a morir sin ofender ni herir a nadie, esperando que su sacrificio traiga la paz al corazón de su pueblo. Y -he aquí algo más maravilloso- de este pueblo se atreve a esperar que la consideración de su sacrificio, baste para desterrar el odio y el resentimiento y lograr una convivencia en justicia, tolerancia y amor.

Gandhi se apoyó en la fuerza de la verdad. En un mundo en el que transitaba la violencia, la crisis de valores, Gandhi fue un hombre que buscaba el absoluto de la verdad con todas sus fuerzas: "Dios es la verdad". "Sólo existe la vida". "Dios presente en todas las cosas". "El hombre es la manifestación suprema de la vida, y también su responsable".

Gandhi no buscaba un camino espiritual. Era un buscador de la verdad. Su imagen externa, escuálida, semidesnuda, contrasta con su enorme fuerza espiritual para buscar la verdad.

Gandhi no se aferró a dogmatismos, ni prefabricó la verdad de antemano, la buscaba como un absoluto, como algo que no depende de nosotros mismos ni de los acontecimientos. Pero que a su luz, todo acontecimiento debe ser ordenado. Por eso fue también un hombre político. Fue siempre la realidad concreta la que lo impulsaba.

Toda su vida fue un aprendizaje constante, durísimo, a través de experiencias vividas, que le permitieron esa búsqueda sin tregua de la verdad, de esa verdad que por encima de las diferencias, es el latido común de las más profundas y nobles aspiraciones humanas.

Se apoyó en la fuerza de la verdad como fundamento de la resistencia pasiva no en sentido negativo, sino como despliegue de un impulso espiritual de quien sitúa la búsqueda de la verdad por encima de cualquier motivación o circunstancia. La verdad que descubría inmediatamente la realizaba. Le parecía una deshonra no realizarla en la práctica. No podía soportar la incoherencia entre pensar y hacer.

Gandhi buscó la verdad para sí mismo, para el adversario, para todos los hombres implicados. A todos enfrentó con la verdad, la cual fue en toda su vida una incesante búsqueda. "Sé que al embarcarme en la no violencia correré lo que podría llamarse el riesgo de la locura, pero las victorias de la verdad jamás se han ganado sin riesgos con frecuencia graves".

Esperemos que al leer sobre la vida de Gandhi, sus escritos y testimonios, quedemos atrapados por esa enorme fuerza espiritual de un hombre que hizo de esa verdad -la no violencia y el amor- la suprema ley de su vida.

Luis Rutiaga

1
Sus principios

"No quiero mi casa amurallada por todos lados ni mis ventanas selladas. Yo quiero que las culturas de todo el mundo soplen sobre mi casa tan libremente como sea posible. Pero me niego a ser barrido por ninguna de ellas. Me niego a vivir en casa ajena como un intruso, un mendigo o un esclavo".

Este pensamiento de Gandhi es un fiel reflejo del sentimiento del pueblo indio, sostenido desde los más lejanos tiempos hasta nuestros días. La India, su patria, ha sido cuna de una de las más antiguas civilizaciones de la humanidad. La esencia de su cultura ha sido mantenida a lo largo de 4 a 5 mil años, por tanto, es una cultura milenaria.

Es posible que ese fenómeno cultural se deba a una especial y amplia capacidad que ha tenido la India para asimilar y absorber otras culturas con las que ha estado en contacto, pero sin perder su identidad típicamente india. En el quehacer cultural de la India es fácil observar que predomina lo indio.

Y aunque Gandhi nació bajo el dominio colonial del Imperio Británico y vivió en Sudáfrica, retornó a la India para poner en práctica todos sus principios sobre la verdad, el amor, la no violencia, la no cooperación, la mujer y la religión, a los que se les puede agregar el de la desobediencia civil, ya que estos fueron los puntos claves en los que él fundamentó su lucha, primero en Sudáfrica en defensa de sus conciudadanos que allí eran discriminados, maltratados y humillados y posteriormente en su patria, la India, para liberarla del dominio inglés.

La verdad

"No puedo tolerar la menor concesión a la mentira en mis escritos. Estoy dispuesto a rechazar todo lo que se consiga a costa de la verdad y, por otra parte, estoy convencido de que no hay mas religión que la verdad".

Gandhi fue siempre un ardiente defensor de la verdad. Se trataba de una verdad que cada uno debía buscar de acuerdo con su entendimiento y su inteligencia para luego aplicarla a todos los actos de la vida. La verdad era para él como una brújula que guiaba las actividades esenciales de su vida en lo político, lo social, lo religioso, lo familiar y lo personal.

El amor

"También sería inconcebible encontrar en mis escritos una sola palabra de odio. ¿No es el amor lo que hace vivir al mundo? No hay vida donde no esta presente el amor... La vida sin amor conduce a la muerte. El amor y la verdad representan dos caras de una misma medalla... Estoy seguro de que por medio de estas dos fuerzas se puede conquistar al mundo entero".

El amor era para Gandhi el otro de los principios fundamentales que guiaban su vida. La verdad y el amor él los consideraba unidos, ambos formaban una unidad inseparable. La verdad era como el fin, el objetivo, la meta y el amor era como el medio, la vía o el camino para llegar a la verdad.

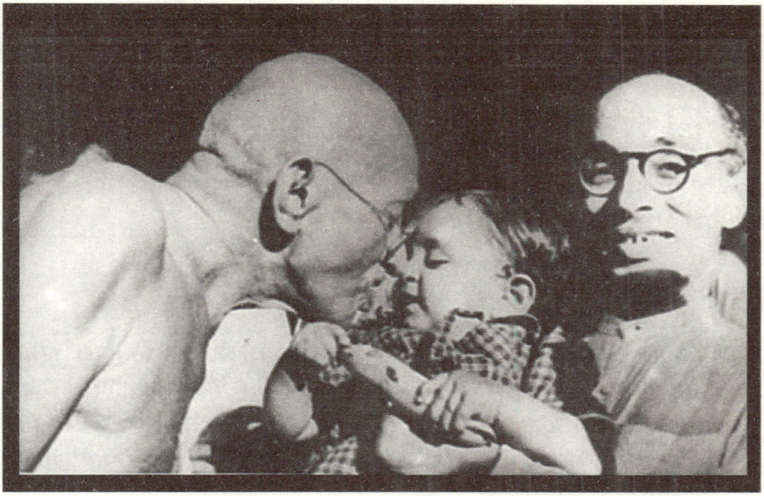

Para Gandhi el amor era el medio o la vía para llegar a la verdad, esta filosofía la aplicó a todos los aspectos de su vida.

En su opinión no se podían conseguir fines u objetivos correctos utilizando para conseguirlos los medios que no lo fueran. Los fines buenos o nobles había que conseguirlos con medios también nobles. La verdad y el amor fueron como las rutas principales que guiaron la vida de Gandhi. Como para él el amor era universal, todas las naciones formaban parte de una sola familia.

La no violencia

"La no violencia y la cobardía son términos contrarios. La no violencia es la mayor virtud, la cobardía es el mayor vicio. la no violencia siempre sufre, la cobardía provoca sufrimiento. La no violencia perfecta es la mayor valentía. La conducta no violenta no es desnaturalizante, la cobardía siempre lo es".

La no violencia, resistencia pasiva o resistencia no violenta eran términos que Gandhi utilizaba unidos al amor como medio único para llegar a la verdad. En tiempos de Gandhi algunos de sus enemigos definieron el término no violencia como sinónimo de cobardía, él lo rechazó de plano y con su ejemplo personal demostraba que en él no había un ápice de cobardía.

La no cooperación

"La no cooperación está dirigida no contra los hombres sino contra los medios. No está dirigida contra los gobiernos sino contra el sistema que ellos dirigen. Las raíces de la no cooperación no yacen en el odio sino en la justicia y el amor".

El término no cooperación lo utilizó Gandhi contra medidas injustas o arbitrarias que afectaban intereses del pueblo, no contra los hombres. Gandhi jamás sintió odio ni siquiera por sus enemigos.

La mujer

"La mujer es la compañera del hombre, dotada de las mismas capacidades mentales. Ella tiene derecho a participar en los más mínimos detalles en las actividades del hombre, y tiene el mismo derecho que él a la libertad".

Gandhi fue muy respetuoso de la mujer. En las etapas en las que él durante varios años visitó inumerables pueblos en los campos de su país, entre sus prédicas no faltaba la defensa de los derechos de la mujer, exponía que la mujer tenía los mismos derechos que el hombre.

Después de la "marcha de la sal" en la que participaron miles de mujeres, Gandhi debe haberse sentido personalmente muy satisfecho con el fuerte movimiento femenino, por una parte porque su trabajo no había sido en vano y por otra parte, porque a partir de ese momento la mujer india quedó incorporada definitivamente al movimiento de la lucha por la independencia y eso duplicaba las fuerzas y aceleraba el triunfo.

En una ocasión, su esposa le escribió: "Me he afanado por ti día y noche... Por ti he pasado todas las penalidades e inquietudes, por ti he derramado amargas lágrimas; y al esclavizarme por ti, también me he esclavizado por la comunidad".

La religión

"La religión es un solo árbol con muchas ramas. Si no vemos mas que las ramas, diremos que hay muchas religiones, pero si vemos todo el árbol, comprenderemos que hay una sola religión".

Katsurbai, esposa de Gandhi, le siguió durante todas las penurias y pruebas que tuvo que atravesar este gran hombre, llegando a ser parte fundamental de su leyenda.

Gandhi fue ante todo y sobre todo profundamente religioso. Él identificaba su religión con la verdad, a su Dios con la verdad. Para él la cuestión de los cultos debía ser un asunto puramente personal, algo individual y el Estado debía ser laico, esto es, no tener ninguna religión.

Se puede decir que Gandhi era un religioso especial, porque no era sectario, ni fanático, ni de puntos de vista estrechos.

El profesaba el hinduismo, la religión mayoritaria en su país; pero con el mismo amor y respeto que trataba a su religión él trataba al cristianismo, al islamismo o al judaísmo y otras.

Hay un mensaje vigente de Gandhi que hasta hoy día no lo cumplen algunas religiones y es que entre todas debía haber las mejores relaciones, es el mensaje de la tolerancia.

No obstante sabemos que en algunos países hay serios conflictos entre religiones, conflictos que conducen a hechos sangrientos.

Parece una ironía que Gandhi, que practicó la no violencia y fue un firme defensor de la tolerancia religiosa, cayera víctima de la violencia a manos de un fanático religioso de su propia religión.

Estas son las pertenencias de "Alma Grande", como lo bautizara su pueblo; es una ironía que a pesar de haber practicado la no-violencia, fuera asesinado por un fanático religioso.

2

Niñez y juventud

"No creo en el éxito de los atajos a través de la violencia...No importa cuánto simpatice y admire los móviles válidos, soy un oponente inflexible de los métodos violentos, incluso cuando sirven a las más nobles causas... La experiencia me dice que el bien continuo nunca puede ser fruto de la violencia y la falsedad".

Un día de fines del siglo XIX, en la colonia británica de África del Sur, un elegante caballero subía a un tren, que debería conducirlo a Pretoria, capital del Transvaal, y, como correspondía al boleto que había pagado, se instaló en un compartimiento de primera clase. Vestía un traje de diez guineas comprado en Bond Street, en Londres, le cubría un sombrero de noventa chelines y portaba un bastón con empuñadura de plata.

Durante una parte del trayecto viajó solo, pero al llegar a la capital de Natal, Pietermaritzburg, otro elegante señor entró en el compartimiento. El caballero que venía en él dirigió una sonrisa al recién llegado pero éste le miró despectivamente, se fue y volvió con el inspector, quien exigió al primero que se fuera al vagón de equipajes.

El hombre del bastón con puño de plata tenía la piel de un color distinto a lo que suele llamarse piel blanca y eso le quitaba todo derecho, incluso el de viajar en primera clase

El mismo Gandhi sufrió la discriminación racial en su país, este hecho sembró en su conciencia la semilla de la lucha a favor de las minorías y cualquier causa justa.

en los trenes. El caballero de tez oscura se negó a irse, alegando su legítimo derecho, y un policía corpulento lo arrojó violentamente al andén, junto con su maleta. Maltrecho y golpeado, aquel hombre permaneció toda la noche en la estación, temblando de frío y cavilando, había encontrado la terrible enfermedad del "prejuicio del color". Era su deber combatirla. Durante aquella fría noche nació en él el germen de la protesta social.

Algo más de treinta años después, el mismo hombre, con su misma tez oscura, era invitado a tomar el té en el Palacio de Buckingham, con el rey Jorge V y la reina María. Se presentó ante ellos vistiendo lo que los ingleses llamaban "un taparrabos", es decir lo que en la India se llama *dhoti*, calzando sandalias y llevando a la vista un reloj colgante de un dólar, y los soberanos del Imperio Británico le atendieron como correspondía a quien mereció el honor de ser invitado por ellos.

Ese hombre era Mohandas Karamchand Gandhi.

Sus primeros años

Mohandas Karamchand Gandhi, el futuro Mahatma, nació el 2 de octubre de 1869, en Porbandar, un pequeñísimo principado del oeste de la India, al norte de Bombay. Fue el menor de los hijos de Karamchand Gandhi, más conocido por Kaba, que desempeñó las funciones de primer ministro de Porbandar, anteriormente desempeñadas por su abuelo. Kaba Gandhi fue asimismo, en diversos momentos, primer ministro de Rajkot y de Vankaner; pero como estos también eran estados pequeños, la familia nunca allegó mucha riqueza.

Kaba Gandhi, según recuerda su hijo, fue un hombre extraordinariamente capaz en el sentido práctico, que se las entendía con todas las intrincadas cuestiones y disputas de clan suscitadas en su jurisdicción. Fue también muy devoto, y lector del *Bhagavad-Gita*. Su familia pertenecía a la casta de los comerciantes (bania) y a la rama Vaishnava

Desde pequeño, Gandhi siempre observó una conducta práctica y honesta, esto le fue inculcado por su padre quien fuera Primer ministro de su país al igual que su abuelo.

Gandhi, a diferencia de su hermano, continuó sus estudios, hasta llegar a ser abogado; en Sudáfrica fue el primer abogado hindú, esto le trajo muchos problemas y discriminaciones en su práctica profesional.

de la religión hindú. Los Vaishnava adoran a Vishnú, y entre ellos han prosperado varias doctrinas sobre el pecado, la redención y la gracia divina. Estas ideas no se encuentran en la otra gran escuela del hinduismo, que adora principalmente a Shiva.

En Porbandar había muchos miembros de la secta jainista, que se niegan a privar de la vida a ningún ser bajo ninguna circunstancia. Los jainistas eran amigos de la familia Gandhi de toda la vida, y no cabe duda de que todos los Gandhi experimentaron la influencia de las creencias jainistas. Aun así, Gandhi pretendió ser hindú ortodoxo a lo largo de toda su existencia, y aunque muchas de sus interpretaciones traían de cabeza a los pundits, su afirmación de ortodoxia nunca fue seriamente discutida.

Sus padres eran sinceramente devotos, y él siempre atribuyó la firmeza de su conducta, en cuestiones tales como promesas y disciplina, a la fuerza de los ejemplos de la niñez. Principalmente su madre y su aya, piadosas mujeres hindúes, ejercieron este poder, y el Mahatma no las olvidó nunca. Su madre, en cumplimiento de cierta promesa, ayunaba a veces cuando no lucía el sol. En días nublados, los hijos solían atisbar anhelantes el cielo en espera del primer rayo solar, para poder correr a ella gritando que ya podía comer.

Pero en general el niño no destacaba en nada; según su propio testimonio, al menos no mostraba grandes aptitudes para el estudio. En sus primeros años era extraordinariamente tímido, y el camino de casa a la escuela y de la escuela a casa solía hacerlo corriendo para no tener que hablar con nadie. Un episodio de su infancia parece que le causó gran impresión; fue la representación que vio a una compañía teatral ambulante de la obra *Harishchandra*, basada en un admirable relato del *Mahabharata*. Narra los sufrimientos y tribulaciones de un rey de la antigüedad que lo sacrificó todo por la verdad. El propio Gandhi me contó esta historia, pocos días antes de su muerte, con toda clase de pormenores. De niño solía representar *Harishchandra* para sí mismo, dijo, "innumerables veces". La idea de la verdad como bien supremo se impuso así a su espíritu desde la más temprana edad, y con el tiempo llegaría a ser la idea básica, rectora de casi todo su pensamiento.

Su matrimonio

En virtud de un arreglo entre familias, lo casaron a la edad de trece años. Fue extraordinario el gozo con que acogió a su novia, Kasturbai, y en años posteriores contempló esta sensualidad prematura con pena y vergüenza. En su madurez llegó a considerar los matrimonios entre niños como una de las grandes calamidades de la India. Por aquella época era general la costumbre de concertar bodas entre niños que ni siquiera se conocían, y con frecuencia se ha hecho notar que solían resultar de ello matrimonios felices. Tal fue el caso de Gandhi; aunque en años posteriores le remordiera la conciencia, mientras vivió Kasturbai halló en ella la alegría de su vida.

Gandhi fue de muchacho sensual, dominante, y, como él mismo nos cuenta, celoso sin motivo. Las costumbres de la época sólo le permitían ver a Kasturbai por la noche durante el medio año que ella pasaba en casa de los Gandhi; la otra mitad del año lo pasaba con sus padres. Gandhi quería enseñar a la joven todo lo que él sabía, ya que era analfabeta, pero el "amor carnal", como lo denomina en su autobiografía, no le dejaba tiempo para ello, y Kasturbai continuó sin más instrucción que las simples letras en la lengua local, gujarati.

Él, por supuesto, continuó su bachillerato, sin que en ello le afectase para nada su matrimonio. Tuvo sus dificultades con el estudio, pero después de cumplidos los catorce años parece que hizo mayores progresos, ganando un premio o dos. En su propio relato de estos años destaca un lamentable episodio que le ocurrió con otro chico mayor que él aficionado a comer carne y beber vino en secreto. Este muchacho, mucho más robusto que Gandhi, sostenía que los males de la India se resolverían si los hindúes comieran carne. Acostumbraba citar estos versos:

Mira al inglés poderoso:
Domina al indio desmedrado,
Porque como come carne
Mide cinco codos de alto.

El joven Gandhi decidió probar a comer carne. En la primera ocasión propicia, ambos muchachos se encaminaron a un lugar solitario a la orilla del río y arremetieron con una tajada de carne de cabra. A Gandhi le sentó mal, y aquella noche soñó que una cabra le pateaba en el estómago. Después Gandhi se aficionó a comer carne, pero acabó por renunciar a ello porque le obligaba a mentir a sus padres.

El mismo amigo llevó a Gandhi a un burdel, pero allí su timidez le protegió. Nunca en su vida fue infiel a Kasturbai.

Estas calaveradas culminaron con una tentativa de fumar cigarrillos, para lo cual Gandhi hurtó en su casa algunas monedas de cobre y también una pizca de oro del brazalete de su hermano mayor. Esta vez la conciencia de Gandhi se sublevó. Redactó una confesión para su padre con la súplica de que se le castigase y la promesa de que no volvería a robar jamás. Las lágrimas de su padre no las olvidó en su vida.

Sus pecados

Estas tonterías tal vez parezcan poco a los ojos de cualquier occidental, pero para una piadosa familia Vaishnava revestían enorme importancia. El hecho de comer carne era considerado por la familia con horror y aversión. El fumar cigarrillos no tenía en sí gran importancia, pero hurtar dinero y mentir para fumar era gravísimo.

El último pecado, que él llama "mi doble vergüenza", fue el cometido a la muerte de Kaba Gandhi. El joven Gandhi había atendido a su padre durante la enfermedad. Cierta noche, abandonando la cabecera del enfermo, se dirigió a su propia alcoba y despertó a Kasturbai. La mujer estaba a la sazón encinta, y el vivo remordimiento que torturó después a Gandhi fue en parte debido a esto. Mientras estaba con Kasturbai, un criado llamó a la puerta para decirle que su padre había muerto. La criatura que trajo al mundo Kasturbai sólo vivió tres o cuatro días. Todo este episodio afligió a Gandhi profundamente y no se le olvidó en mucho tiempo.

Sus estudios

Allá por los años de 1880, los estudiantes hindúes raras veces salían de su país. Cruzar los mares significaba, por lo general, la expulsión de la propia casta, pues en tales viajes era inevitable el trato con extranjeros, la ingestión de alimentos foráneos y la exposición a otras mil contaminaciones. Todo esto se ha superado totalmente en la actualidad, y para un indio moderno parece tan remoto como para nosotros la Edad Media, pero era todavía la opinión reinante en los días de la juventud del Mahatma. A los hindúes que se trasladaban al extranjero y volvían convertidos en abogados, médicos u hombres de negocios se les consideraba contaminados y perdidos para su propia religión.

Cuando Gandhi era joven, la sombra de un intocable que rozara el cuerpo de un hindú de casta era ya una contaminación y requería de aquel hindú un acto de purificación ceremonial. Un hindú de casta Podía aceptar leche de un intocable, pero no agua. Aun entre los intocables, un sector determinado podía realizar ciertos trabajos pero no otros.

Gandhi no temía estas cosas. Cuando el viejo amigo y consejero de su familia Mavji Dave, de casta brahmin, le aconsejó estudiar en Inglaterra, el joven Gandhi aceptó encantado esta posibilidad. Su primera idea fue estudiar medicina, pero el consejero brahmin no lo aprobó. Quería que Gandhi fuese primer ministro, como su padre, su tío y su abuelo, y para este cargo era importantísimo el conocimiento de las leyes.

A los dieciocho años aún continuaba sus estudios (cuando sus hermanos los habían abandonado), y Mavji Dave estimó que el más joven de los hijos debería ir a Inglaterra a estudiar derecho. Y así lo hizo. Aunque no fue nada fácil. Su devota madre temía por lo que había oído acerca de mujeres, vino y consumo de carne en países extranjeros. Cuando obtuvo de su hijo la firme promesa de abstenerse de todas estas cosas, consintió de mala gana. La promesa nunca fue quebrantada.

Pero a su llegada a Bombay se vio en nuevas dificultades por cuestiones de casta debido a su decisión de marchar al extranjero, y en efecto, fue solemnemente expulsado de su propia casta. Lo aceptó sin vacilación y proscrito permaneció hasta el final, aunque más adelante, en su condición de "santo", quedó exento de todas las normas de casta. Nunca volvió a observar ninguna de estas reglas, como la de llevar el "lazo sagrado", una especie de cordón simbólico, o los diversos afeitados rituales.

Rumbo a Inglaterra

Cuando zarpó de Bombay el 4 de septiembre de 1889, no era más que un muchacho hindú de dieciocho años, tímido y anhelante, con unas orejas proyectadas casi en ángulo recto a ambos lados de la cabeza, llevaba indumentaria europea nueva, y la corbata, que en Londres llegaría a ser una gran satisfacción para él, de momento suponía una tortura. La chaqueta corta y los pantalones le hacían sentirse cohibido, y los zapatos le lastimaban. Pero iba equipado para el gran viaje, y ardía en deseos de aprender.

Aconsejado por un viejo amigo de su familia, Gandhi partió hacia Inglaterra a estudiar leyes; sufrió mucho por las costumbres alimenticias de aquel país, pero encontró alivio en el vegetarianismo.

En la India, pasados los cuatro primeros cursos del grado elemental, toda la enseñanza se impartía en inglés. Por consiguiente Gandhi tenía conocimientos de este idioma, pero sólo como lengua académica. En el barco le costaba trabajo comprender lo que le decían; no entendía siquiera a los camareros. Temía violar su promesa respecto al vino, las mujeres y la carne, y en consecuencia hacía todas las comidas en su camarote, principalmente a base de provisiones que él traía. Desconocía totalmente el uso del cuchillo y el tenedor, y era demasiado tímido para dirigir la palabra a ningún pasajero. Además, había reservado su mejor traje, que era de franela blanca, para su desembarco en Southampton (vistiendo de negro durante toda la travesía hasta Inglaterra), y por lo tanto desembarcó en medio del inclemente otoño británico con la más impropia indumentaria que cabe imaginar. Durante mucho tiempo lloró por la noche sintiéndose solo en aquel ambiente extraño, inseguro de sus pasos, siempre con el temor de violar su promesa inconscientemente o de cometer cualquier otro pecado, cosa fácil para un indio en un clima inglés

El primer problema fue, sin duda, la alimentación. No podía tragar lo que en Inglaterra respondían a la noción de verduras. Nos dice en sus memorias que durante las primeras semanas casi se murió de hambre. Sus condiscípulos indios –que le habían buscado una casa de huéspedes– estimaron una estupidez su insistencia en cumplir la promesa sobre alimentación vegetariana. Pero él se arrastró de pensión en pensión, sin saciar nunca el hambre, hasta que un buen día dio con un restaurante vegetariano. En aquel restaurante encontró un libro titulado *Defensa del vegetarianismo*. Lo leyó repetidas veces del principio al fin, y de vegetariano como él era por religión y tradición se convirtió en un vegetariano convencido de la razón y la justicia de su causa. Como más adelante había de ocurrirle en su dilatada existencia, acababa de encontrar algo que le reforzaba en lo que ya era y creía. Había encontrado "autoridad".

La pugna por el vegetarianismo le llevaba una buena parte de su tiempo en Londres. Sus condiscípulos indios estimaban engorrosa e inconveniente su insistencia en alimentarse de una manera tan contraria a las costumbres del país. Él, siempre tan bondadoso y considerado con todo el mundo, trataba de compensarlo adaptándose a otras costumbres inglesas: adquirió ropa de noche, tomó lecciones de baile, intentó aprender a tocar el violín, y en general se esforzó por imitar a los "gentlemen" británicos. Al cabo de varios meses lo dejó todo de una manera súbita y total para dedicarse a sus estudios de derecho.

Las fotografías de Gandhi a esta edad resultan extremadamente cómicas: vemos en ellas al joven estudiante hindú con sus orejas en ángulo recto, el rostro flaco, los ojos vivos y penetrantes, el cuello duro y el pelo engomado. Probablemente se daba cuenta él mismo de lo ridículo que todo ello tenía que parecer a los demás. Quizá por eso sentía una gran necesidad de reír; risa la suya amable e inocente, generalmente a sus propias expensas.

Los tres años que pasó en Inglaterra fueron fructíferos en muchos aspectos. Después de sus primeros apuros y tribulaciones, aprendió a disfrutar de la vida y a trabajar a la manera inglesa. El vegetarianismo fue para él una ayuda en diversas e inesperadas formas; se inscribió en la Sociedad Vegetariana, entró a formar parte de su junta directiva y tuvo su primera experiencia en materia de organización, aunque por su timidez era incapaz de hacer uso de la palabra en las reuniones. Hizo amistades entre los vegetarianos como las había hecho entre sus condiscípulos.

Entretanto, estudiaba. Entrar en la curia era bastante fácil: los exámenes eran sencillos, el estudiante era admitido automáticamente como abogado siempre que hubiera asistido con regularidad a los cursos (doce en total), equivalentes a unos tres años. En vista de ello, Gandhi decidió prepararse además para el examen de ingreso en la Facultad de Londres, y así pasó un año entero, estudiando, entre otras cosas, latín. El trabajo duro e innecesario, que en muchos aspectos había de serle útil después, fue característico de Gandhi, aun en aquella edad.

Descubre el Bhagavad-Gita

También fue en Inglaterra donde leyó por primera vez tanto el *Bhagavad-Gita* como el Nuevo Testamento bíblico.

Parece un poco raro que Gandhi no hubiese leído el *Gita* en sánscrito o en su gujarati natal, pues a su padre debía de serle familiar en ambas lenguas. Lo conoció con dos amigos ingleses en la traducción en verso al inglés de Sir Edwin Arnold (*The Song Celestial*). Halló en el *Gita* una especie de cristalización de sus creencias características, aquellas en que se basaba su lucha, la gran lucha de su vida. Tenía entonces sólo veinte años, pero ya había encaminado sus esfuerzos a la supresión del deseo, del apetito y del "apego". El *Gita* fortaleció su carácter y poco a poco se convirtió en ley de su existencia.

El Nuevo Testamento, especialmente el Sermón de la Montaña, tuvo un efecto similar, menos intenso quizá por ser cristiano en vez de hindú; pero con los años llegaría a entrelazarse íntimamente con todo el pensamiento de Gandhi.

Estos descubrimientos no fueron seguidos de grandes preocupaciones sobre pensamiento religioso, pues por aquella época el joven estudiaba derecho con gran afán y aplicación. En aquellos días, la mayor parte de los estudiantes no se molestaban apenas en leer los libros de texto. Se limitaban a estudiar, generalmente en las últimas semanas, unas cuantas notas sobre exámenes anteriores. Gandhi decidió leérselo todo; y tocante al derecho romano, resolvió leer a Justiniano en latín. Gran parte de la labor que estaba llamado a realizar en África del Sur en años venideros iba a depender de los conocimientos que entonces adquirió de derecho romano, en el que se basaban las leyes holandesas. Se recordaba a sí mismo como un joven tímido, limitadísimo, y sin embargo estaba mejor preparado para los exámenes de derecho que la mayoría de sus condiscípulos ingleses.

Aprobó los exámenes, fue autorizado para ejercer la profesión el 10 de junio de 1891, se inscribió en el Colegio de Abogados el 11 y zarpó para la India al día siguiente.

Retorno a la India

Según nos cuenta el propio Gandhi, los dos años siguientes pasados en la India constituyeron un fracaso. No había hecho más que desembarcar cuando tuvo noticia del fallecimiento de su madre, lo cual fue para Gandhi un golpe mucho más duro que la muerte de su padre.

Y, desde luego, sus conocimientos de derecho inglés y romano, por completos que fuesen, no compensaban su total ignorancia de las leyes indias. Tuvo que iniciar un nuevo ciclo de estudios, estableciéndose entretanto como abogado.

En el primer pleito que se le confió en Bombay, Gandhi fue incapaz de pronunciar una sola palabra. Se levantó para interrogar a un testigo y estuvo a punto de desmayarse delante del tribunal. Se sentó y dijo al representante de su cliente que no tenía más remedio que renunciar a la defensa de su caso, que contratase otro abogado. Fue su primera y última actuación como abogado en la India.

Bombay, con su alto costo de vida, no era lugar muy propio para un abogado tan tímido que se quedaba sin habla ante los tribunales. Gandhi volvió a su Rajkot natal y allí se ganó la vida haciendo alegatos para otros letrados, redactando instancias y cosas por el estilo. Este periodo de su existencia no fue feliz. Le repugnaba la costumbre de dar comisiones por todas partes y de valerse de influencias, intrigas y politiquerías mezquinas en la tramitación de los casos sometidos a la justicia, de suerte que al presentársele una oportunidad se mostró más que dispuesto a abandonarlo todo.

Esta oportunidad vino de África del Sur, donde se había establecido un considerable número de indios como comerciantes, y un número aún mayor se habían trasladado a este país contratados como trabajadores. Una empresa india musulmana denominada *Daba Abdullah and Co.* tenía un pleito por el que reclamaba unas cuarenta mil libras y que llevaba años rodando por los tribunales. La proposición consistía en que el joven Gandhi se desplazase a África del Sur durante un año para asesorarles sobre la tramitación de este pleito, así como sobre otros asuntos. Se le abonarían dietas y ciento cinco libras en metálico.

No era una oferta muy brillante que digamos, pero la verdad es que Gandhi en la India no prosperaba ni poco ni mucho. La idea de marcharse a África del Sur, país que no conocía en absoluto, le sedujo, aun cuando para ello tuviera que dejar a su familia.

Evidentemente Gandhi, que contaba a la sazón veinticuatro años, no podía imaginar siquiera que África del Sur iba a imprimir a su destino una nueva dirección, modificando por completo su existencia, ni que iba a regresar a la India convertido en héroe nacional y en "Mahatma".

3

En África del Sur

"La no violencia, en su estado dinámico, significa sufrimiento consciente. No significa dócil sumisión a la voluntad del malvado, sino rebelión del alma entera contra la voluntad del tirano".

El África del Sur que conoció Gandhi en 1893 se componía de cuatro territorios: Natal, Estado Libre de Orange, Transvaal y Colonia del Cabo. Sólo este último tenía un claro sello inglés. El Estado Libre de Orange y el Transvaal eran entonces repúblicas boers, y el holandés (en su versión africana), su idioma oficial. Natal, con una población muy heterogénea, había sido anexionado a la corona británica en 1845, pero a excepción de Durban, su principal ciudad, no contaba con gran número de pobladores ingleses.

Pululaban en estas tierras numerosos aventureros, y eran tiempos inquietos, de luchas y desórdenes. Entre las grandes figuras de la época destacaban Paul Kruger en el Transvaal (presidente) y Cecil Rhodes en el Cabo (primer ministro). Todos los hombres inteligentes sabían que un día u otro el destino de la región exigiría su unión por las más sencillas razones económicas; pero los antagonismos raciales y lingüísticos eran aún tan poderosos que la voz de la razón difícilmente se dejaba oír.

Los boers odiaban a los ingleses con pasión; creían que todo el África del Sur les pertenecía y que los ingleses eran unos entrometidos que atropellaban su derecho. Atrincherados ahora en el Transvaal y en el Estado Libre de Orange, eran pastores y agricultores, una raza de "vaqueros" holandeses encerrados en sus tierras y hostiles a todos los intrusos. Parecía inevitable el conflicto, ya que el reciente descubrimiento de oro y diamantes había llevado a las repúblicas boers una plaga de ambiciosos desde todos los puntos de la tierra. Estos *uitlanders*, como los boers los llamaban, eran objeto de aborrecimiento y discriminación por todos los medios posibles y no tenían voz ni voto en el gobierno. En realidad, en 1893, todo África del Sur hervía de odios y resentimientos que hacían de estas tierras cualquier cosa menos un paraíso de paz, ni siquiera para los europeos. Nada tiene pues de asombroso que los no europeos viviesen en un angustioso terror.

En nuestros días nos hemos familiarizado ya con la nomenclatura surafricana tocante a las razas. "European" significa toda persona de pura raza blanca; "native" significa africano; "coloured" es toda persona mestiza; "Asiatic", todo aquel cuyos orígenes raciales pueden referirse a Asia: en la práctica se aplica a los indios. Los pertenecientes a cualquiera de estas cuatro divisiones pueden ser indígenas, pero no obstante las divisiones subsisten. Cuando llegó Gandhi, gran número de "europeos" y "asiáticos" llevaban relativamente poco tiempo en el país, y la población mestiza ("coloured"), ahora tan importante, era entonces mucho menor.

Gandhi, que era un joven instruido e inteligente, no podía ignorar las luchas entre europeos o de los europeos contra los nativos de la región. Pero estas disensiones le afectaban muy poco. Gandhi se comportó como un instrumento específico al servicio de fines también específicos desde el comienzo hasta el final de su vida. En África vivía para los indios y sólo pensaba en los indios. Las enconadas luchas de los demás sólo le importaban en la medida que afectaban las vidas de sus coterráneos.

Cuando zarpó de Bombay, no sabía una palabra de las tribulaciones de estos compatriotas suyos en África. Seis semanas duró la travesía hasta Durban, con escalas en diversos puertos. El barco iba abarrotado, y Gandhi sólo pudo hallar refugio en el camarote del capitán, gracias a la amabilidad de éste. El capitán le enseñó a jugar al ajedrez, y los compañeros de travesía eran muy amables. Hasta que desembarcó en Durban no advirtió diferencia en el trato que los europeos daban a los indios. En Durban le recibió Abdullah Sheth, su nuevo patrono.

Abdullah Sheth, comerciante musulmán rico pero analfabeto, no sabía al principio cómo tratar a Gandhi. Era la primera vez que aparecía en Natal un tipo así, es decir, un indio instruido, abogado de profesión y vestido a la inglesa. Los comerciantes indios de África del Sur eran gente acomodada, pero se habían abierto camino en el nuevo país a fuerza de astucia e ingenio; se preocupaban muy poco de "higiene y sanidad"; apenas sabían inglés; aguantaban muchísimas torpezas e indignidades de los señorones europeos. Entre la población europea, se conocía por "coolies" a todos los indios sin distinción, y a Gandhi -único indio abogado de África del Sur- pronto lo designaron con el apodo de "el abogado coolie".

Todo esto lo supo en seguida, con inmensa consternación. Abdullah Sheth le puso al corriente de todo, y parece que a los pocos días le tomó simpatía al forastero. Gandhi supo, por ejemplo, que los acomodados comerciantes indios y sus empleados, la mayoría musulmanes, tenían poco que ver con la población mucho más numerosa de trabajadores indios trasladados a África del Sur en virtud de contratos de trabajo por un periodo de cinco años. Analfabetos y miserables, estos trabajadores procedían en su mayor parte del Sur de la India. Gandhi no los apartaba de su pensamiento, mas durante algún tiempo no pudo entrar en contacto con ellos: su misión era trabajar en un pleito para la firma de Abdullah Sheth.

Se trataba de reclamar ante los tribunales una elevada cantidad, y el litigio era complicadísimo. Antes de comprenderlo totalmente, Gandhi tuvo que realizar arduos estudios, entre ellos un curso completo y autodidáctico de contabilidad. Pronto dijo a su patrono que iba a tratar de resolver el caso al margen de los tribunales. En el tiempo que llevaba ejerciendo su profesión, la mayoría de los casos los había resuelto así. Esto era aconsejable por el gran ahorro que suponía en costas y estipendios, pero también porque el litigio enfrentaba parientes que habían sido y debían seguir siendo amigos.

A la inglesa

A los tres días de su desembarco en Durban, su patrono le llevó a un tribunal para que viese cómo actuaba. En aquellos días, Gandhi vestía a la inglesa, pero con turbante indio. Exige el decoro que el turbante se lleve tanto bajo techado como al aire libre. La costumbre inglesa de quitarse el sombrero al entrar en una casa o en una sala de audiencia discrepa así directamente de las normas sociales indias. Gandhi entró en la sala de audiencia con el turbante puesto. Al poco rato el presidente del tribunal le pidió que se lo quitara. Gandhi se negó y abandonó la sala.

Sobre este incidente se promovió una respetable trifulca; Gandhi escribió en los periódicos defendiendo su derecho a llevar turbante indio en toda ocasión y momento, y surgió una controversia que le hizo popular en Natal antes de lo que de otro modo hubiera sido. Pero en este dilema, entendía él, estaba en juego su propia estimación como ciudadano indio.

Cuando creyó haber comprendido el litigio, Gandhi comunicó a Abdullah Sheth que estaba dispuesto a trasladarse a Pretoria, la capital del Transvaal, donde había de verse la causa. Abdullah estaba inquieto; el viaje era largo: sin embargo el joven abogado partió en el tren con un billete de primera clase.

Ante prejuicios

Cuando el tren llegó a Maritzburg, la capital de Natal, un viajero blanco le vio en un compartimiento de primera y llamó a unos empleados de la compañía de ferrocarril. Ordenaron a Gandhi que pasara al "furgón", que es donde generalmente viajaban los indios. Gandhi se negó y lo arrojaron por la fuerza del compartimiento de primera. Como se negara por principio a viajar de ningún otro modo, pasó la noche entera, sentado y muerto de frío, en la estación de Maritzburg. Por la mañana envió telegramas a la dirección de ferrocarriles y a Abdullah Sheth. Cuando llegó el tren aquella noche, tenía reservada una litera, y la aceptó.

Our Workers.

La primera vez que Gandhi se presentó en una corte en Sudáfrica, lo hizo usando un turbante, el juez le pidió que se lo quitara, Gandhi, indignado se marchó de la sala, y publicó en los periódicos un artículo donde defendía su derecho a portar su turbante hindú en toda ocasión.

A la mañana siguiente, Gandhi llegó a Charlestown, término de la línea, donde tenía que tomar una diligencia para Johannesburgo, su siguiente parada importante en el camino de Pretoria. Al principio, el encargado de la diligencia quería negarle el pasaje, pero ante la insistencia de Gandhi le permitió acomodarse en el pescante con el cochero. El joven abogado "se tragó el insulto", según dijo, pero posteriormente, cuando el encargado quiso salir a tomar el aire y dijo a Gandhi que se sentara en el estribo a fin de que él (el encargado) pudiera sentarse junto al cochero y echar un cigarrillo, Gandhi se negó a cederle el sitio. El hombre entonces le golpeó brutalmente. Los viajeros protestaron pero en vano.

En Johannesburgo surgió un nuevo incidente: no podían admitirlo en el hotel Grand National. Unos comerciantes indios le explicaron que ningún indio podía alojarse en los hoteles del Transvaal holandés, que era mucho peor que el Natal inglés, y que su viaje a Pretoria, al día siguiente, tendría que hacerlo en tercera clase.

Gandhi era ya entonces tan obstinado, a su manera mansa y apacible, como había de serlo después toda su vida. Escribió al jefe de estación de Johannesburgo exponiendo su propósito, y a renglón seguido sacó un billete de primera. El jefe de estación, holandés de la metrópoli, expidió el billete, pero rogó a Gandhi que no le mezclara en ninguna complicación que de su actitud pudiera seguirse. Fue un día con suerte, al parecer; pues cuando el revisor ordenó a Gandhi que abandonara la primera clase, el único compañero de compartimiento, un súbdito inglés, no permitió que lo desalojasen.

En Pretoria no salió nadie a recibir al viajero. Se quedó plantado en la estación mal alumbrada, sin saber qué hacer. Providencialmente, un negro norteamericano hizo amistad con él y lo llevó al hotel Johnston's Family, donde Mr. Johnston, norteamericano, consintió en darle una habitación si se avenía a tomar sus comidas en ella y no en el comedor. Gandhi aceptó la habitación; iba aprendiendo más que a paso. Luego Mr. Johnston averiguó que a sus clientes europeos no les importaba en absoluto comer en la misma pieza que Gandhi, y mandó bajar a este con mil excusas.

Al día siguiente, el procurador de Abdullah Sheth, Mr. A. W. Baker, encontró alojamiento y pensión para Gandhi en casa de una pobre mujer dispuesta a pechar con la ignominia de un huésped indio por treinta y cinco chelines semanales.

Parece que Baker abrigó la esperanza de convertir a Gandhi al cristianismo. Baker era profundamente religioso; había mandado edificar una iglesia en Pretoria a sus expensas y no tardó en invitar a Gandhi a una reunión que diariamente celebraba para rezar en común. Pero la verdad es que el cristianismo nunca llegó a convencer a Gandhi, y en realidad el único resultado de varios meses de asociación con devotos cristianos, que le facilitaban libros y rezaban por su conversión, fue hacerle volver a su religión hindú con renovado interés.

Un mundo de pensamientos

Gandhi, aunque era serio y un infatigable trabajador, nunca se había sentido capaz de estudiar literatura religiosa ni de pensar seriamente en los fundamentos de sus creencias. Pero ahora que otros juristas trabajaban en el pleito Abdullah-Tyeb y que por el momento no se requerían sus servicios, halló Gandhi, primero a través de las influencias cristianas, pero después por medio del islamismo y el hinduismo, todo un mundo de pensamiento con el que se identificaba plenamente y que le abrió amplias perspectivas hacia lo que por fin habría de ser su religión personal, su propia concepción de un hinduismo universalista.

Durante este compás de espera, quiso Gandhi hacer lo que pudiese sobre la precaria situación de los indios en el Transvaal. Acudió a Tyeb Sheth, la persona contra quien pleiteaba, e hizo amistad con él, paso este muy dentro de su condición y su carácter. Con su ayuda, Gandhi convocó una reunión de todos los indios de la capital del Transvaal. Se celebró en casa de un comerciante musulmán muy principal, y Gandhi pronunció su primer discurso.

También en esto actuó conforme a su estilo: quería ayudar a los indios, sí, pero empezó por decirles lo que tenían que hacer ellos mismos. Insistió sobre todo en la importancia que había que conceder a la veracidad en los negocios, pues muchos de aquellos comerciantes no daban en sus tratos mucha cabida a la verdad. Les instó después a iniciar serias reformas en el capítulo de higiene y sanidad y les pidió que olvidasen todas las diferencias de religión y de raza que habían traído de la India (hindúes, musulmanes, parsis, cristianos, etc.), y propuso la creación de una asociación permanente para defender los derechos de los indios ante las autoridades.

Se despertó un enorme interés; y se formó la asociación. Gandhi, después de estudiar el reglamento de ferrocarriles, escribió en nombre de la asociación a las autoridades ferroviarias del Transvaal, haciéndoles ver que, aun ateniéndose a sus propias reglas, los indios tenían perfecto derecho a viajar en la clase que mejor les pareciese, siempre que abonasen el importe del billete. La dirección de ferrocarriles respondió que en lo sucesivo las clases primera y segunda quedarían abiertas para todos aquellos indios que fuesen "decentemente vestidos", lo cual se dejaba a estimación del empleado de la taquilla.

Comienza su misión

Así, en 1893 y en la escala más reducida, comenzó la misión del Mahatma Gandhi. Los indios tendrían que autodisciplinarse, decir la verdad, ser limpios, aprender inglés, olvidar sus diferencias internas: todo ello a fin de conseguir la propia estimación y liberarse. Esto era en gran medida lo que Gandhi iba a pedirles en el curso de los cincuenta y tantos años siguientes. Lo que él mismo llamaría muy pronto "labor pública", un tipo de servicio por el que no aceptaría nunca ningún emolumento. No lo consideraba acción política, sino un esfuerzo encaminado a lograr el bienestar general de los indios, empezando, como Gandhi tenía por norma, con la reforma de los propios indios.

Como diariamente podía comprobar, los indios del Transvaal y del Estado Libre de Orange estaban sujetos a infinitas incapacitaciones, humillaciones y penalidades. Del Estado Libre se hallaban en realidad excluidos, excepto para el desempeño de menesteres bajos y serviles. En el Transvaal no tenían voto y no podían poseer tierras excepto en zonas expresamente designadas. Hasta para entrar en el Transvaal tenían que pagar un impuesto de tres libras. No podían salir de noche después de las nueve sin un permiso especial, y no les estaba permitido caminar por las aceras públicas: habían de hacerlo por la calzada con las caballerías. En cierta ocasión Gandhi fue abordado violentamente por un guardia que le vio caminando por la acera en las inmediaciones de la residencia del presidente Kruger.

El creciente interés de Gandhi por el estado y condición de los indios se vio refrenado temporalmente: tenía que ocuparse del litigio entre Abdullah Sheth y su primo Tyeb Sheth. Trabajó pacientemente cerca de Tyeb Sheth, el amable y hospitalario enemigo, y de sus diversos asesores, hasta obtener su consentimiento para que se nombrase un árbitro; se discutió el caso y el cliente de Gandhi ganó.

Entonces entró en juego la tarea que Gandhi se había impuesto personalmente de convencer a Abdullah, su patrono, para que permitiese el pago de la cantidad adeudada en varios plazos, y de persuadir al orgulloso Tyeb Sheth para que lo aceptara. Dijo que si la suma se hubiera exigido en su integridad e inmediatamente, Tyeb habría tenido que declararse en quiebra. Consiguió su propósito, y la pacífica solución fue un alivio para ambas partes.

Prepara su regreso

El año del contrato de Gandhi había expirado ya, y se preparaba para regresar a su país, una vez resuelto el caso. Había sido un año trascendental no sólo en cuanto a sus descubrimientos, sino también para el despertar de su conciencia religiosa. Había leído *El reino de Dios está en vosotros*, de Tolstoi, que penetró en su ser como ninguno de los argumentos de la ortodoxia cristiana. La tesis de Tolstoi (que los gobiernos, la policía, los ejércitos y demás instituciones por el estilo serían innecesarias si los hombres vivieran con arreglo al Sermón de la Montaña) estaba en armonía con el innato sentir de Gandhi.

—No lo olvide, ningún gobierno ordinario puede medrar sin el empleo de la fuerza— me dijo dos días antes de morir.

Para el joven Gandhi, sin embargo, algunos de los beneficios (si así puede llamárseles) de la experiencia en África del Sur estaban todavía por venir. Regresó a Durban, donde Abdullah Sheth le había preparado una despedida magna, que duró todo el día, en la que se hallaban presentes numerosos indios de Durban. En el curso de la fiesta, y por entera casualidad, Gandhi vio un párrafo de un periódico sobre la Ley de Derechos Políticos de los Indios en la legislación de Natal. Se trataba de un proyecto de ley retirando a los indios el derecho de sufragio. Gandhi preguntó, asombrado, si sus amigos indios de Durban no habían hecho nada al respecto. La respuesta fue negativa. Se hallaban más o menos resignados con su situación. Intentó explicarles la gravedad de esta situación si perdían los derechos políticos. Su respuesta ahora fue un clamor impresionante rogándole que se quedara con ellos y les dijera lo que tenían que hacer.

Gandhi aceptó permanecer en Durban un mes, a condición de que sus compatriotas hallaran los fondos necesarios para impugnar la Ley de Derechos Políticos.

Personalmente no aceptaría retribución alguna, pero deberían abonarse los gastos de viajes, imprenta y consultas jurídicas; además, un hombre solo no podía hacer todo el trabajo; tenía que haber voluntarios.

Decidió buscar estos voluntarios entre los indios jóvenes nacidos en África del Sur que eran en su mayor parte cristianos y educados y que no tenían mucho trato con los indios musulmanes e hindúes; y ciertamente logró movilizar a un buen número de ellos.

Decide quedarse

El primer paso consistió en telegrafiar al presidente de la cámara legislativa rogándole que aplazara la discusión sobre la Ley de Derechos Políticos hasta que fueran oídos los indios. Siguió la labor de redacción y copia de la petición en sí.

El presidente les dio sólo dos días, y Gandhi trabajó día y noche con sus voluntarios. Al expirar los dos días, la petición india fue presentada a la cámara legislativa. Se discutió. Se publicó en la prensa. Creó un revuelo de opinión. Pero la Ley de Derechos Políticos fue aprobada por la cámara.

Este fracaso, sin embargo, no hizo más que espolear a los interesados, incitándolos a nuevas tentativas. Por primera vez en su historia, los grupos de indios de Durban permanentemente en pugna se habían unido estrechamente. Ahora decidieron una empresa de muchísima mayor envergadura: una petición a Londres, al secretario de estado para las colonias (Lord Ripon), que firmaría el mayor número posible de indios de Natal.

Natal era muy extenso y las aldeas estaban bastante diseminadas, pero en dos semanas se obtuvieron diez mil firmas. En la India, Inglaterra y otros puntos se distribuyó un millar de ejemplares; se mantuvo bien informada a la prensa; tanto *The Times* de Londres como *The Times of India*

Después de la lucha por los derechos de los hindúes, a Gandhi le resultaba imposible marcharse a la India como era su deseo, porque los habitantes hindúes de Natal no le dejaban irse. En la grafica se aprecia la casa de Gandhi en Sudáfrica.

(Bombay) apoyaron la aspiración india al derecho de sufragio. Este fue el primer conocimiento positivo que se tuvo en Inglaterra y en la India de los problemas derivados de los prejuicios raciales en África del Sur.

Aparte de la unificación india, la organización y el esfuerzo colectivo, nuevo todo ello en África del Sur, la breve campaña trajo aparejada una serie de promesas para el futuro. Por ejemplo, los jóvenes nacidos en África del Sur, una vez independizados de los otros indios, se habían declarado partidarios de Gandhi. Esto en un principio pudo obedecer a su inglés y su indumentaria londinense, al hecho de que fuese letrado y diese prestigio a la comunidad; pero la fuerza de persuasión del joven abogado, basada en la dulzura y la tenacidad de su carácter, debía de haber entrado ya en juego.

Después del enardecimiento suscitado por los acontecimientos de aquel mes, resultaba imposible para Gandhi salir de Natal. Los indios de Durban no querían dejarle marchar. Era mucha la gente, muchas las cosas que dependían de él. Como insistía en no aceptar retribución por su labor pública, los comerciantes se unieron y le garantizaron trabajo suficiente como abogado para que se quedara un año más. Por razones totalmente impersonales, deseaba Gandhi vivir del modo que correspondía a un abogado londinense, viajar en primera y mover a respeto: necesitaba trescientas libras anuales, y se las facilitaron.

El Colegio de Abogados, totalmente constituido por europeos, se opuso a su admisión como abogado del Tribunal Supremo de Natal. El presidente de dicho Tribunal declaró que la ley no distingue de razas, y admitió a Gandhi inmediatamente. Una vez tomada su decisión, el presidente dijo: "Ahora tendrá usted que quitarse el turbante, señor Gandhi".

Y esta vez Gandhi accedió.

Crea el Congreso Indio

Procedió inmediatamente a crear una organización permanente entre los indios y resolvió denominarla Congreso Indio de Natal, nombre de por sí polémico, puesto que el Congreso Nacional Indio, que actuaba en la India, había empezado ya a hostigar a la opinión conservadora e imperialista, y el nacionalismo que existiese en la India estaba ya firmemente asociado con la palabra "Congreso".

Se obtuvieron sin dificultad las suscripciones necesarias, pero aquellos que se habían comprometido a contribuir no siempre eran puntuales en el pago, y buena parte del trabajo de Gandhi y de sus voluntarios tenía que desperdiciarse en la recaudación de las cantidades adeudadas.

Sin embargo, oscilando entre dos de los principios que sostuvo toda su vida -evitar las deudas y los superávits-, de tal suerte organizó Gandhi el Congreso Indio de Natal que éste se acreditó por su solvencia a toda prueba durante veinte años por lo menos.

Se llevaban las cuentas con el mayor esmero. "Sin llevar las cuentas como Dios manda", decía Gandhi, "es imposible mantener la verdad en su prístina pureza".

El Congreso se reunía con regularidad, y Gandhi instruyó a sus miembros en las normas de actuación. Se creó rápidamente una biblioteca, una asociación encargada de discutir y deliberar, un cuerpo subsidiario especial con la misión de congregar a los jóvenes instruidos nacidos en África del Sur.

Como es natural, la tarea de exponer las reivindicaciones de los indios recayó principalmente sobre Gandhi, y a este fin escribió dos folletos: *An Appeal to Every Briton in South Africa* (A todos los ingleses de África del Sur) y *The Indian Franchise~An Appeal* (La Ley de Derechos Políticos de los indios: una apelación).

Ambos suscitaron muchos gestos de simpatía, no sólo en África del Sur, sino también en Inglaterra y en la India. El problema estaba dejando de ser local y convirtiéndose en lo que realmente era: general y fundamental.

Los trabajadores contratados

En este momento Gandhi entró en contacto con el más amplio contingente de indios de África del Sur: los trabajadores contratados. Sus actividades le habían arrojado totalmente en brazos de los prósperos comerciantes y del personal a su servicio, pero sus logros y victorias eran del dominio de la población india en general y redundaban en beneficio de todos.

Cierto día se presentó en su despacho un obrero tamil, temblando y llorando. Sangraba por la boca, y le faltaban dos dientes, desprendidos sin duda por efecto de un golpe. Sostenía el turbante en la mano con deferencia –¡el señor Gandhi era abogado!–, y de este modo contó lo que le había sucedido. Su patrono, un conocido europeo, le había golpeado cruelmente. Gandhi le envió a un médico que certificara sus lesiones, y luego le llevó ante el juez, que mandó comparecer al ofensor.

La ley que regía la contratación de trabajadores era muy severa: si un hombre abandonaba su empleo podía ser encarcelado y enjuiciado por lo criminal. En cuanto el hombre carecía totalmente de libertad de acción, era semejante a la esclavitud. Gandhi obtuvo el consentimiento del patrono europeo (que probablemente estaba ya más asustado que otra cosa), y luego acudió al patrocinador de los trabajadores contratados, un funcionario público, que permitió la transferencia del obrero tamil con otro patrono que Gandhi había encontrado.

La víctima en cuestión se llamaba Balasundaram, nombre que Gandhi no olvidaría jamás. Balasundaram representó un breve pero decisivo papel en la historia, ya que actuó, sin la menor intención por su parte, como llave de la más alta misión de Gandhi.

El episodio se hizo legendario de la noche a la mañana; había un hombre, nada menos que un *sahib* indio, un abogado, un hombre ilustre, que no desdeñaba ocuparse de un pobre coolie. La noticia llegó rápidamente al sur de la India, y a las sucesivas oleadas de inmigrantes indios se les decía, aun antes de salir de su país, que Gandhi era su amigo. Y en cuanto al propio Natal, los obreros indios hicieron de Gandhi su valedor, y a partir de entonces desfilaron incesantemente por su bufete. La inmensa popularidad de Gandhi en la India meridional, que precedió a su pleno reconocimiento en el norte, tuvo su origen en el suceso de Balasundaram.

El propio Gandhi se sintió conmovido hasta lo más hondo de su ser. No sólo el sufrimiento del trabajador, sino la humildad del hombre –el hecho de que se presentara con el turbante en la mano–, tocaron a Gandhi en lo más vivo de su corazón. Comprendió, como ya antes había comprendido, que aquellos que carecían de toda otra ayuda era a quienes más deseaba ayudar. El detalle del turbante le afectó más especialmente porque ya él había pasado por unos cuantos incidentes a causa del suyo propio. La humillación que él no había soportado era aceptada por aquel hombre maltratado e indefenso como la cosa más natural del mundo. Gandhi le rogó inmediatamente que volviera a cubrirse, y Balasundaram lo hizo con mil vacilaciones, pero radiante de satisfacción. En estas pequeñeces estribaba el secreto poder de Gandhi, más que en sus facultades externas para la abogacía o para la acción. A los pocos días no había trabajador indio en Natal que no estuviera al corriente de todo ello.

Estudia su propia religión

Mientras dirigía la campaña del Congreso Indio de Natal y se ganaba la vida defendiendo pleitos, Gandhi continuó interesándose por cuestiones religiosas. Empezó a estudiar su propia religión más atentamente que nunca. A este fin le sirvió de mucho su amigo Raychandra, de Bombay, con quien sostuvo correspondencia a lo largo de este periodo (1893-1896) y posteriormente. Por consejo suyo, Gandhi leyó algunas de las escrituras hindúes, especialmente los *Upanishads*. Al mismo tiempo leyó más libros sobre la India y sobre temas islámicos, así como las abundantes obras polémicas de Tolstoi. No deja de ser singular que nunca descubriera Gandhi, a lo largo de su vida, hasta qué punto era Tolstoi un simple fenómeno literario; Gandhi jamás sospechó que el hombre que predicaba una norma de vida pudiese no obedecerla.

Si un hombre decía que el Sermón de la Montaña era la única norma válida, Gandhi creía que para este hombre no había otro modo posible de conducta. Parece que por ser él mismo absolutamente sincero, siempre dio por supuesta la total sinceridad de los demás.

Había pasado tres años en África del Sur, y sin duda alguna permanecería mucho más tiempo si concebía cualquier esperanza de llevar a feliz conclusión la obra comenzada. Llegó a un acuerdo con sus amigos de Durban: le permitirían regresar a la India para recoger a su familia y sus enseres. Eligió dos voluntarios de confianza que dirigieran el Congreso Indio de Natal durante su ausencia y zarpó rumbo a Bombay.

Al mismo tiempo que continuaba su lucha por los derechos de los hindúes y su práctica profesional, se interesó por el estudio de su propia religión, entre la literatura que mayor impacto causó en la vida de Gandhi, se encontraban las obras de León Tolstoi.

4

Satyagraha

"El satyagraha es la vindicación de la fidelidad, no mediante la imposición del sufrimiento al opositor, sino a uno mismo".

"Aunque el adversario lo engañe veinte veces, el satyagrahi está dispuesto a confiar en él por vigésima primera vez, pues una confianza implícita en la naturaleza humana es la esencia misma de la doctrina".

Gandhi aprovechó la travesía, cosa muy característica de él, para estudiar dos lenguas de la India, el urdu y el tamil, con algunos oficiales británicos de la tripulación. Los ingleses apreciaron instintivamente a Gandhi en todas las fases de su vida, trabaron amistad con él y le ayudaron en la medida de lo posible. El correspondió siempre a su afecto, y con muchas veras puede decirse que los hijos de Albión no tuvieron en toda su historia un rebelde más leal, más adicto que Gandhi.

En la India hizo todo cuanto estuvo a su alcance para dar a conocer los problemas que de momento le interesaban. Empezó por escribir un folleto sobre la situación de los indios en África del Sur; tenía verde la portada, y todos dieron en llamarle el Libro Verde. Este opúsculo promovió un gran revuelo, y tanto en la India como en Inglaterra la prensa dedicó a comentarlo editoriales y artículos de fondo. Por medio de voluntarios, distribuyó Gandhi un millar de ejemplares en Rajkot, su ciudad natal, valiéndose en este caso de niños de pocos años. Era la primera vez que se le ocurría pedir a unos niños que hicieran esta clase de trabajo. Más tarde iba a confiarles repetidas veces tales cometidos; los chicos estaban deseando hacerlo; con ello se sentían más importantes y eran felices.

Por estas fechas se declaró en Bombay una epidemia y Gandhi ofreció sus servicios, como era habitual en él, trabando así conocimiento con las condiciones sanitarias de las viviendas indias. En sus visitas de inspección pudo comprobar que las viviendas de las clases acomodadas eran más insalubres que las de los pobres de solemnidad, y especialmente los intocables, a quienes ahora veía por primera vez en sus propios hogares.

También hizo amistades que habían de valerle mucho en lo sucesivo, especialmente en Bombay: Sir Pherozeshah. Mehta, el famoso jurista de esta ciudad, y Gokhale, jefe del Congreso Nacional de la India, que ejerció sobre él una influencia de lo más notable. Gokhale, que le recibió y consideró como a un hijo, era un personaje sobresaliente en todos los aspectos. La instintiva compenetración de ambos hombres fue inmediata, sin que para ello fuera óbice su gran diferencia de edad, y después Gandhi se referiría siempre a Gokhale como a su "gurú político", su mentor en todas aquellas cuestiones relacionadas con la actividad pública.

Efectuó una visita a Madrás. Entusiasmo delirante. Gandhi era el protector de los esclavizados trabajadores de África del Sur, la mayoría de los cuales procedían de la provincia de Madrás. No supo hablar a aquellas gentes en su propia lengua y tuvo que hacerlo en inglés, pero, según dijo, "¿qué barrera no podrá derribar el amor?"

En Bengala fue distinto: Gandhi tuvo que esperar horas para ver a importantes publicistas o personajes capaces de hacer algo por los indios de África del Sur. Eran poquísimos los bengalíes que habían ido a Sudáfrica, de modo que el problema parecía allí bastante remoto. Como de costumbre, Gandhi encontró un inglés (Mr. Saunders, director de *The Englishman*) que patrocinó su causa y le cedió espacio en el periódico para que expusiera su caso. Pero los seis meses de permiso tocaron a su fin, y recogiendo a su esposa, dos hijos y un sobrino, Gandhi zarpó de regreso a Sudáfrica en diciembre de 1896.

Regresa con su familia

Nos refiere Gandhi en sus memorias cómo vistió a su mujer y a sus hijos para este viaje. Deseaba mover a los europeos a respetar a los indios como tales. Aunque se preocupaba muy poco o nada de su propia persona, se consideraba, representante del pueblo indio. Su mujer y sus hijos no podían en realidad vestir como europeos, pero podían vestir como parsis, que en la India era lo más próximo a lo europeo. Esto significaba levita, pantalones y zapatos para los chicos, y un sari parsi, zapatos y medias para la pobre Kasturbai.

Ninguno de ellos había usado zapatos antes, y fue una verdadera tortura: se les hicieron llagas en los pies y las medias olían a sudor, cosa que les resultaba difícil de soportar. También les enseñó Gandhi a utilizar el cuchillo y el tenedor, una costumbre que aún hoy parece execrable a los indios, que estiman más limpio comer con las manos.

En Durban retuvieron el barco en cuarentena: había habido cólera en Bombay. Esto era comprensible, desde luego, pero durante los cinco días suplementarios ordenados por los médicos empezaron a oírse versiones muy distintas. No se trataba simplemente del cólera. Al parecer, era el señor Gandhi la clave de la cuestión.

La población blanca de Natal había llegado a la conclusión de que Gandhi era un agitador y no debía permitírsele desembarcar. Pretendían que tanto él como todos los pasajeros de su barco y de otro buque que fondeó al mismo tiempo, también lleno de indios, regresaran inmediatamente a la India.

En Navidad se dirigió a los pasajeros un ultimátum: o regresaban a la India o correrían peligro de muerte. Todos, sin excepción, se aferraron a su derecho a desembarcar en Puerto Natal: cuestión de principio en la que les había instruido Gandhi.

Cuando ya no hubo excusa legal posible para mantener apartados los barcos se les autorizó a entrar en el puerto y desembarcar sus pasajeros. Uno de los abogados de Abdullah aconsejó a Gandhi que para la señora y los niños mejor sería tomar un coche al desembarcar y dirigirse directamente a la casa de su amigo indio Rustomji, donde pensaban alojarse.

Gandhi debería arriesgarse a ir a pie. Gandhi se mostró de acuerdo, y su esposa e hijos fueron conducidos sin contratiempo a casa de Rustomji. Luego él desembarcó con el abogado y caminó unos pasos, a lo cual unos jóvenes alborotadores se pusieron a gritar: "¡Gandhi! ¡Gandhi!".

Casi lo linchan

Se congregó en seguida una turba de gente, y sobre Gandhi llovieron piedras, ladrillos y huevos. Le arrancaron el turbante, y fue salvajemente golpeado y pateado por el populacho. Una persona de nacionalidad inglesa le libró de algo peor: la señora Alexander, esposa del superintendente de policía. Conocía a Gandhi, y viendo que estaban pegando a un hombrecillo, acorralado contra una barandilla de hierro a la que, medio inconsciente, se había agarrado, se colocó tranquilamente a su lado y abrió su paraguas, interponiéndolo entre la chusma y el malparado Gandhi.

El paraguas fue estrictamente simbólico, pero todos los allí presentes conocían a la señora Alexander y nadie se atrevió a atacarla. Gandhi estaba salvado. Alexander, el superintendente de la policía, mandó escoltar a Gandhi hasta casa de Rustomji. Allí volvió a congregarse una turba con la clara intención de lincharle. Esta vez Alexander le hizo salir de la casa por la puerta trasera, disfrazado de agente de policía.

Durante dos o tres días, tuvieron a Gandhi custodiado en el puesto de policía. Luego la población blanca comprobó que ninguna de las acusaciones formuladas contra él eran veraces. Habían creído que todos los indios de ambos barcos venían reclutados por Gandhi: pero éste no tenía nada que ver con ellos, que habían emigrado por su cuenta y riesgo. También le inculpaban por un artículo bastante especioso enviado por la agencia Reuters desde la India, en el que se tergiversaba lo que Gandhi había dicho sobre las condiciones de vida de los indios en Natal. Cuando todo esto quedó aclarado, se impuso un sentimiento de justicia y Gandhi fue más estimado que nunca entre los blancos de Natal. El mismo llegó a creer que su labor subsiguiente se vio favorecida por aquel episodio.

Brahmacharya

Al finalizar el siglo XIX, pasó Gandhi por una significativa y extraña transición. Se hallaba en un momento de gran vitalidad que se traducía por una exacerbación del apetito sexual (dos de sus hijos nacieron en Sudáfrica, y él mismo trajo a uno de ellos al mundo por haberse retrasado el doctor). Sin embargo, había empezado a pensar que no podría llevar a cabo las tareas que se había impuesto a menos que se abstuviera totalmente del trato carnal. Esta idea, muy arraigada en el hinduismo, se encarna en la palabra brahmacharya, "sabiduría divina", que supone el dominio de los impulsos y la abnegación del apetito sensual. A Gandhi le costó muchos años conseguirlo; hasta 1906 no se sintió con la fuerza suficiente para hacer el voto definitivo.

En esta época, por lo demás, sus ideas acerca de su deber político se desarrollaban con lentitud. Su lealtad a la soberanía británica era intensa y había de seguir siéndolo hasta los años de 1920. Al estallar la guerra Boer, Gandhi simpatizaba con los boers, pero su lealtad a Inglaterra estaba por encima de todo. Así organizó y dirigió un cuerpo indio de sanidad (más de mil hombres) que se distinguió por los servicios prestados y fue cumplimentado por las más altas autoridades.

Gandhi tuvo siempre una gran vocación por la obra sanitaria. Dedicaba dos horas diarias a un hospital benéfico en el que muchos indios pobres recibían tratamiento, y en los últimos años era muy capaz de tener esperando a un gobierno o a todo un imperio mientras él atendía a un leproso. Aplicar vendajes, poner lavativas, cuidar del enfermo de todos los modos imaginables era parte integrante de lo que él consideraba su misión en el mundo.

De nuevo a la India

Cuando la guerra Boer terminó en 1901, Gandhi regresó de nuevo a la India. Recibió muchos y costosos regalos de despedida, y decidió depositarlos en un banco como fondo de garantía para sufragar la asistencia pública a los indios en caso de necesidad. Kasturbai fue muy difícil de convencer en esto, pero como tenía a los hijos de su parte, Gandhi acabó por imponer su criterio.

Su primer interés en la India fue asistir a la reunión que en 1901 celebraba el Congreso Nacional Indio en Calcuta. Los objetivos del Congreso eran sociales y políticos: se trataba de encauzar el creciente nacionalismo de los indios, tanto hindúes como musulmanes, por vías de moderación y legalidad. También se requería hacer lo que se pudiese por el bienestar general y de expresar en la medida de lo posible los deseos del país. Como el analfabetismo se hallaba entonces muy extendido (era muy superior al noventa por ciento registrado en años posteriores), inevitablemente el Congreso llegó a ser una asamblea de intelectuales de clase media, abogados, comerciantes, etc., que hablaban en nombre de la India de una manera notablemente tímida y

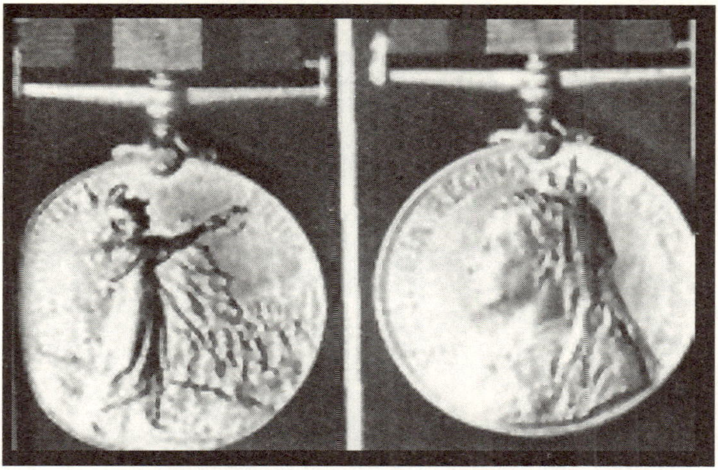

Durante la guerra de los Boer, la lealtad de Gandhi hacia Inglaterra fue completa, organizó un cuerpo de sanidad que prestó sus servicios con la más inmaculada dedicación, por esto fueron galardonados por las Autoridades.

circunspecta. Aun así, era la única asociación nacional capaz de asumir la representación, y Gandhi la consideraba la "sangre viva" del país.

El principal objetivo de Gandhi era presentar una resolución en apoyo de los indios de África del Sur. Pero antes dedicó dos o tres días a calibrar las dificultades que una vasta reunión de compatriotas pudiera entrañar.

Hizo labor burocrática como voluntario y mantuvo alerta ojos y oídos. Cuando llegó el momento de leer su propia resolución, era tarde; pocas personas escucharon; la resolución se aprobó sin un solo voto en contra porque Gokhale, la eminencia del Congreso, la había dado por buena.

Después de la reunión del Congreso, Gandhi pasó un mes como invitado de Gokhale en Calcuta, donde conoció a muchas personas de prestigio a quienes predicar su evangelio de ayuda a los indios de África del Sur. Los sacrificios sangrientos del Templo de Kali le llenaron de horror. La oveja o el cordero, según él, eran seres vivientes ni más ni menos que los humanos. Hizo cuanto estuvo a su alcance para suprimir estas inmolaciones en la India.

Adopta la vestimenta india

Finalmente se despidió de Gokhale y partió para Bombay. Por primera vez viajó en tercera clase a fin de estudiar las condiciones en que se desenvolvía la vida de los indios pobres. Y también ahora por vez primera adoptó la vestimenta india ordinaria, camisa y *dhoti*, especie de calzón amplio y drapeado.

En los ferrocarriles indios, la tercera clase es increíblemente sucia, atestada de público e insana. Gandhi relata en sus memorias la tremenda impresión que todo aquello le produjo. En lo sucesivo, siempre que viajaba en la India procuraba hacerlo en tercera, en parte para estudiar sus condiciones y en parte como protesta contra ellas.

En años posteriores, las autoridades gubernamentales llegaron a extremos inauditos para asegurar la limpieza y la decencia en todo vagón de tercera clase que Gandhi utilizara.

De regreso en Bombay intentó volver al ejercicio de la abogacía, pero los indios de África del Sur enviaron un cablegrama urgente: Joseph Chamberlain estaba en ruta para África del Sur; Gandhi debía "regresar inmediatamente". En esta ocasión llevó consigo cuatro o cinco jóvenes, entre ellos su primo segundo Maganlal Gandhi, que iba a acreditarse como uno de los más valiosos auxiliares en la gran lucha que ahora comenzaba.

Llega a Durban

Gandhi llegó a Durban con el tiempo preciso para redactar un papel y presentarlo. Chamberlain había acudido a África con el fin de obtener un pingüe emolumento y reconci-

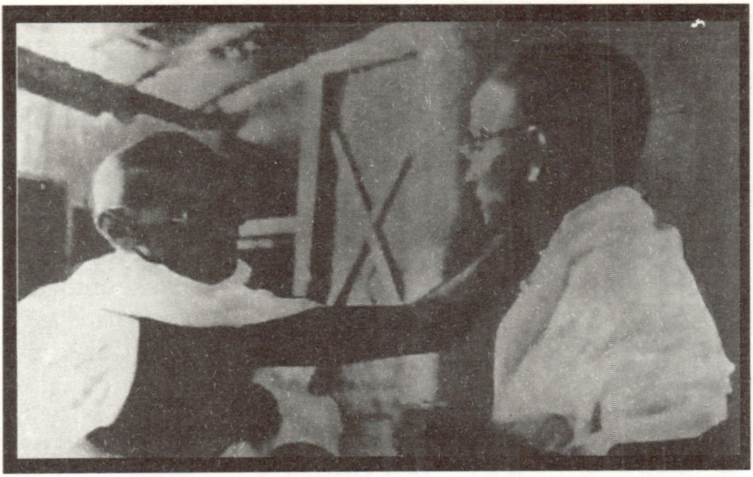

Durante toda su vida, Gandhi procuró enseñar a todo el mundo las bondades y ventajas de una vida sin violencia; su arma más poderosa siempre fue la desobediencia civil así como el ayuno.

liar, si ello era posible, a los recientes antagonistas boers y británicos. Se mostró muy poco clemente respecto a los indios, declaró que el gobierno de Londres no podía controlar a las colonias autónomas y aconsejó a los indios que "contemporizaran" con los europeos si deseaban continuar viviendo en África.

Desde Natal, Gandhi se vio obligado a desplazarse inmediatamente al Transvaal, adonde Chamberlain debía dirigirse como segunda etapa de su viaje. El Transvaal, escocido por la derrota, era un país bastante más rudo y penoso para los indios que Natal. Lo que vio en el Transvaal le hizo comprender que los indios residentes en aquel país le necesitaban mucho más que los de Natal. Resolvió quedarse y establecerse como abogado en Johannesburgo. No dejó de sorprenderle que el Colegio de Abogados del Transvaal no le opusiera objeción alguna (él era, por supuesto, el único indio).

Lo primero que hizo fue denunciar la vergonzosa manera de esquilmar a los indios para permitirles entrar de nuevo en el país. Muchos habían abandonado el Transvaal durante la guerra; si deseaban regresar se les obligaba a pagar crecidas sumas, hasta de cien libras por persona, para la obtención del permiso. Pacientemente, Gandhi reunió pruebas que demostraban el delito de cohecho. Siguio un juicio en el que los funcionarios culpables fueron absueltos por un jurado, pero se vieron tan totalmente desenmascarados que los abusos tocaron a su fin y los funcionarios fueron destituidos de sus cargos. El prestigio de Gandhi como protector de los indios subió de punto.

Simplifica su forma de vivir

Poco a poco, el sistema de vida de Gandhi empezó a ser patriarcal, aunque sólo tenía poco más de treinta años Llevó a sus empleados a vivir con él junto con los jóvenes que había traído de la India, y también, de cuando en cuando, a varios ingleses y otros europeos.

Simplificaba su existencia, materialmente hablando, en todo lo posible y sus huéspedes habían de conformarse a las reglas de la casa. Se levantaba por las mañanas a las seis, y adoptó la dieta de fruta y nueces con que había de sustentarse durante muchos años en lo sucesivo. Se intensificó su interés por los temas religiosos, y en esta época nunca dejó de leer libros sobre hinduismo.

El paso siguiente, en 1904, fue la fundación de un semanario, *Indian Opinion*, en el cual, durante los diez años siguientes, volcó Gandhi su pensar y su sentir sobre asuntos de interés para la comunidad india. Estaba convencido de que su éxito en Sudáfrica y el propio satyagraha o sacrificio voluntario fueron posibles solamente merced a la existencia de esta publicación.

Su labor inmediata, en lo social, fue la defensa de los indios pobres, labradores contratados en su mayoría cuyo tiempo de servicio había expirado, para que no los desposeyesen de su tierra. El "barrio coolie", en las afueras de Johannesburgo, estaba sucio y descuidado, y advirtiendo sus peligros para la salud general, la municipalidad intentaba acabar con él. Gandhi defendió prácticamente a todos los indios así desposeídos. Actuó en unos setenta casos y no perdió más que uno.

Hallándose ocupado con estos pleitos, se declaró una epidemia de peste neumónica, mucho peor que la bubónica. Veintitrés indios contrajeron la enfermedad en una noche. Gandhi se trasladó inmediatamente al distrito, llevándose consigo a cuatro muchachos indios que tenía empleados en su bufete.

Al día siguiente, el ayuntamiento de Johannesburgo le asignó un almacén vacío como hospital. A la enfermera municipal que le enviaron al segundo día no le permitió Gandhi tocar a los pacientes por temor a que se contagiara. No obstante, contrajo el mal un día o dos después y murió en poco tiempo. Ni Gandhi ni sus cuatro auxiliares, que estaban en estrecho contacto con los pacientes, sufrieron consecuencia alguna. Esta extraña inmunidad había de repetirse en numerosas ocasiones a lo largo de su vida, cuando cuidó enfermos de cólera, lepra y otras enfermedades eminentemente contagiosas.

Entonces las autoridades de Johannesburgo decidieron que las "chabolas" de los indios, como foco de peste, habrían de ser quemadas y arrasadas. La población india sería trasladada a un campamento en la gran llanura que se extiende a unos veinte kilómetros de distancia. Gandhi apoyó plenamente a la municipalidad en este proyecto. Los pobres indios estaban asustadísimos, y como nunca habían tenido tratos con ningún banco, deseaban entregar a Gandhi todos sus ahorros, en su mayor parte peniques y monedas de plata, que habían tenido enterrados en el suelo. Gandhi dio un recibo por cada caridad; luego mandó desinfectar las monedas y las depositó en su propio banco. Más tarde convenció a muchos de aquellos indios para que utilizasen el banco. Después de un día de incertidumbre, los indios se sintieron a gusto en su campamento de la llanura; Gandhi iba a verlos todos los días en su bicicleta, y sacó la impresión de que el aire libre les sentaba de maravilla.

Durante la epidemia, Mr. Albert West, un vegetariano inglés a quien había conocido Gandhi, aceptó hacerse cargo de la impresión del *Indian Opinion* en Durban. West fue siempre un inapreciable colaborador durante la estancia de Gandhi en África del Sur.

A su llegada a Durban, West descubrió que la contabilidad había sido tan descuidada que no podía saberse con seguridad si el *Indian Opinion* tenía pérdidas o beneficios. Alarmado con estas noticias, Gandhi decidió trasladarse personalmente a Natal. En este viaje a Durban leyó uno de los libros más decisivos de su vida, la obra de John Ruskin *Unto this last*. En su autobiografía, dice Gandhi:

A mi entender, las enseñanzas de *Unto this last* son:

- Que el bien del individuo está comprendido en el de la totalidad.
- Que el trabajo de un abogado tiene el mismo valor que el de un barbero, puesto que todos tienen el mismo derecho a ganarse la vida con su trabajo.
- Que una vida de trabajo, la del labrador, por ejemplo, y la del artesano, es la vida digna de vivirse.

Gandhi asimiló del libro lo que más necesitaba: concretamente, la idea del cooperativismo. En cuanto se apeó del tren en Durban dijo a su fiel amigo West que deseaba trasladar *Indian Opinion* –personal, prensas y todo– a una granja donde cada cual contribuiría con un trabajo determinado y tendría una asignación en metálico, igual para todos Antes de una semana (con la ayuda de los amigos que tenía entre los comerciantes musulmanes) había comprado un terreno en Phoenix, a veintidós kilómetros de Durban, y antes de transcurrido un mes, había construido un amplio cobertizo para la imprenta, utilizando voluntarios indios albañiles y carpinteros. En lo sucesivo, *Indian Opinion* se publicó en la Colonia Phoenix, que fue desde entonces el centro de la actividad de Gandhi en Natal.

La Colonia Phoenix

La tierra que rodeaba este establecimiento se dividió en parcelas de poco más de una hectárea, y cada miembro de la cooperativa era responsable del cultivo de su propia parcela. Rápidamente, se edificaron chabolas de chapa ondulada. Todo miembro de la comunidad aprendió a componer y a manejar la imprenta, de modo que siempre había abundante personal disponible para el periódico.

Gandhi se vio obligado a volver a Johannesburgo tan pronto como la Colonia Phoenix estuvo en marcha. En efecto, durante todos estos años siempre tuvo un pie en el Transvaal y otro en Natal.

Cuando estalló en Natal la guerra Zulú, Gandhi ofreció su concurso, materializado en un cuerpo indio de camilleros. A decir verdad, las simpatías de Gandhi estaban con los zulúes, pero su lealtad al imperio británico prevalecía sobre todo lo demás.

En cierto modo, el conflicto planteado a su conciencia por la guerra Zulú se transmutó en un dilema personal: brahmacharya, dominio de los apetitos sexuales. Comprendió que había llegado el momento de hacer el voto de castidad para el resto de su vida. Cuando al fin lo formuló de modo irrevocable, contaba treinta y seis años (mediaba 1906). Su esposa fue su más ferviente aliada y colaboradora. Gandhi estaba convencido de que esta "autopurificación" era necesaria no sólo para su propia liberación, sino también para el alumbramiento de satyagraha, su creación característica, la idea que cambiaba el mundo.

Gandhi fue grandemente influenciado por un libro llamado *Unto this last*, del escritor John Ruskin, en él comprendió que todo los individuos valen por igual y que la vida de trabajo es una vida digna de vivirse.

Satyagraha

Satyagraha había existido, por supuesto, antes de que Gandhi lo bautizara con este nombre. Sus ideas de sacrificio por la verdad, abnegación voluntaria y entrega al servicio de la comunidad, enfrentamiento con la ley injusta o con su injusta aplicación, todo ello llevaba años desarrollándose y madurando en él. Tenía que presentarlo de una manera absolutamente clara y sencilla a fin de que todo ciudadano indio ordinario (inculto pero deseoso de aprender) pudiera asimilar la idea Y obrar de acuerdo con ella. Gandhi ofreció un modesto premio en *Indian Opinion* a quien hallara un nombre que cristalizase sus ideas sobre la naturaleza y método de lucha. Su primo Maganlal ganó el premio proponiendo la palabra *satagraha*, de *sat* (verdad) y agraha (fuerza o firmeza), dos términos sánscritos que nunca se habían combinado antes de ese modo. Gandhi lo transformó en satyagraha, forma más comprensible para las masas indias sin nociones de sánscrito. A partir de entonces, la palabra y la idea tomaron incremento; estaban destinadas a liberar a la India y poner punto final al más grande de los imperios.

Comienza la campaña

El comienzo efectivo de la campaña satyagraha en África del Sur puede ostentar la fecha del 11 de septiembre de 1906. En agosto, el gobierno del Transvaal había anunciado la promulgación de una ley de empadronamiento de todos los indios mayores de ocho años.

Se les tomarían las huellas digitales y vendrían obligados a llevar consigo en todo momento el correspondiente certificado. Si desobedecían esta disposición, serían encarcelados, o deportados, o ambas cosas. En Johannesburgo, la indignada comunidad india convocó un mitin general. En dicho mitin, el presidente exhortó a todos los presentes a hacer un voto, "con Dios como testigo", comprometiéndose a desobedecer la ley. Esto movió a Gandhi a pronunciar un discurso que -a pesar de su incorregible timidez- fue uno de los más admirables de su carrera. Se comprometió persònalmente "a vida o muerte" y advirtió a las tres mil personas congregadas que el voto en cuestión podía significar la cárcel, penalidades, malos tratos y hasta la muerte para los que lo hiciesen; pero todos los presentes hicieron el voto.

El propio Gandhi se daba perfecta cuenta de la trascendencia de este voto. Antes del ofrecimiento de satyagraha (el sacrificio voluntario), decidió trasladarse a Inglaterra por ver si servía de algo la persuasión. Pero la ley fue aprobada en su momento y entró en vigor el 31 de julio de 1907.

La mayoría de los indios se mantuvieron firmes. Aunque el concepto gandhiano de satyagraha no era aún plenamente comprendido por sus seguidores, comprendían éstos perfectamente que no podían inscribirse bajo la inicua ley si estimaban en algo su decoro. Entre los primeros citados ante los tribunales por desobedecer la ley figuró Gandhi, quien (11 de enero de 1908) pidió al juez que dictara contra él la sentencia más severa. El juez le aplicó la más leve: dos meses de prisión menor, especificando que la condena era "sin trabajo forzado".

Primer encarcelamiento

Fue la primera reclusión de Gandhi en la cárcel. Al parecer, casi lo disfrutó como una vacación y un descanso de su trabajo. Leía el *Gita* por las mañanas y el *Corán* por las tardes; leyó a Ruskin, a Tolstoi, a Bacon y a Platón. Pero su reclusión fue demasiado breve: el general Smuts quería verle. El jefe de policía de Johannesburgo le fue a buscar a la cárcel y se lo llevó consigo –en uniforme de recluso y sin dinero ni equipaje– a Pretoria, a ver al primer ministro del Transvaal.

Smuts propuso un compromiso en virtud del cual los indios se inscribirían voluntariamente, y la recusable disposición de obligatoriedad sería derogada. Se llegó a un acuerdo en este sentido. Y entonces Smuts faltó a la palabra que había dado a Gandhi. Después de que este último convenció a la mayor parte de los indios para que se inscribieran, voluntariamente, Smuts, contra lo prometido, dejó en vigor la ley de empadronamiento. Fue un golpe cruel. Gandhi ahora debía movilizar sus recursos para una lucha más enconada y general.

El 16 de agosto de 1908, en un mitin celebrado en Johannesburgo, unos dos mil indios inscritos quemaron sus certificados de inscripción en una caldera de queroseno. Esto les exponía a todos a la cárcel. Asimismo se enviaron voluntarios escogidos que pasaran la frontera de Natal a Transvaal sin certificados. Entre estos se contaba Harilal, el hijo mayor de Gandhi. El propio Gandhi desafió la ley y fue detenido de nuevo el 10 de octubre de 1908.

Durante esta segunda condena a prisión Gandhi hizo otro de sus trascendentales descubrimientos literarios: Thoreau. Leyó el vehemente ensayo de este autor, *Desobediencia Civil*, por el que Thoreau justificó su negativa a sustentar al gobierno norteamericano (1849) a causa de la esclavitud y de la guerra contra México. En la cárcel, aparte de la lectura, Gandhi hizo de cocinero para otros setenta y tantos indios y se prestó voluntario para limpiar las letrinas.

Esta segunda condena expiró el 13 de diciembre de 1908, pero al ser puesto en libertad prosiguió el movimiento satyagraha y pronto fue condenado por tercera vez (25 de febrero de 1909) a otros tres meses de reclusión en la nueva penitenciaría de Pretoria. En la biblioteca de la cárcel de Johannesburgo había encontrado la obra de Thoreau; ahora, en Pretoria, halló, según parece, los ensayos de Emerson. En sus cartas se los recomienda a sus corresponsales. Thoreau y Emerson, que tanto debían al *Gita* y a los *Upanishads*, volvían así a la India por extraña carambola. El *Bhagavad-Gita*, que Thoreau admiraba profundamente, fue el único libro que tenía a su muerte. Gandhi se había aprendido de memoria gran parte del *Gita* en sánscrito; solía pegarlo, estrofa por estrofa, en su espejo de afeitarse, y aprendérselo durante sus abluciones matutinas. Hallar en la lejana América -y en África a través de las bibliotecas de las cárceles- ecos de su amado "canto celestial" debió de ser una singular experiencia para Gandhi; posteriormente se refirió a ella en más de una ocasión.

Cuando le pusieron en libertad esta vez, Gandhi decidió probar fortuna en Londres. Permaneció allí de julio a noviembre de 1909, hablando, escribiendo y revolviendo sin punto de reposo para hacerse oír. Iba a formarse la Unión Sudafricana, y existía el peligro de que la nueva Unión extendiese la legislación del Transvaal a todo el país y se quedasen los indios definitivamente con aquel baldón.

Derogan la ley

Bajo la presión británica, Smuts accedió, no de muy buena gana, a derogar la recusable ley de empadronamiento y a permitir la inmigración limitada de indios al Transvaal; pero no se mostró dispuesto a conceder (y posiblemente, en vista de los sentimientos de sus compatriotas a quienes debía dignidad y cargo, no podía hacerlo) nada que se pareciese a una igualdad legal o teórica.

Gandhi regresó a África al finalizar el año con el convencimiento de que el satyagraha tendría que ser intensificado. Aquellos que seguían sus ideas de sacrificio voluntario recibían el nombre de satyagrahis. El problema de atender a la familia de un satyagrahi cuando estaba en la cárcel había adquirido serias proporciones.

La Granja Tolstoi

En esta coyuntura, Hermann Kallenbach, un tenaz judío alemán que se había hecho buen amigo y seguidor de Gandhi, compró y regaló a este último un fértil terreno de cuatrocientas hectáreas a treinta y cuatro kilómetros de Johannesburgo, para los satyagrahis. Gandhi creó otra cooperativa como la Colonia Phoenix, se trasladó a ella con su familia y la llamó Granja Tolstoi. Aquí el satyagrahi podía hallar un hogar cuando no estaba en la cárcel, y su familia podía quedarse cuando estaba. Tanto la Granja Tolstoi como la Colonia Phoenix llegaron a ser prósperos establecimientos, en los que vivían muchos hombres, mujeres y niños, y los experimentos sobre educación, adiestramiento profesional, dietética y disciplina fueron siempre interesantísimos para Gandhi. Gran parte del sistema de "educación básica", que en la actualidad gana terreno rápidamente por toda la India, se desarrolló mediante trabajo efectivo en la Granja Tolstoi y en la Colonia Phoenix.

La austeridad de Gandhi, que no había dejado de ir en aumento, alcanzó en la Granja Tolstoi su nivel definitivo.

Allí hizo voto de no tomar leche de vaca ni de búfala tras haber leído que se empleaban procedimientos crueles para aumentar su producción.

La visita de Gokhale, gurú político de Gandhi, en el otoño de 1912, fue un momento decisivo en la larga lucha por los derechos indios. Gokhale era muy respetado tanto en la India como en Inglaterra. En Pretoria, los dos generales boers, Botha y Smuts, resueltos ahora al establecimiento de la Unión sin dificultades innecesarias, prometieron a Gokhale que lo peor de las inhabilitaciones indias sería derogado. Gandhi no estaba dispuesto a creer esto todavía, y tenía razón.

Smuts entabló la última batalla anunciando que la comunidad europea de Natal se negaba a permitir la abrogación del impuesto de empadronamiento. Con su familia y amigos, Gandhi se trasladó inmediatamente a Natal –a la Colonia Phoenix– y se aprestaron para la lucha. Mucho hubo de ayudarles una decisión del Tribunal Supremo de la Colonia del Cabo declarando que sólo los matrimonios cristianos serían válidos en África del Sur. Con esto, todas las esposas indias quedaban reducidas a la condición de concubinas, y sus hijos a la de bastardos. Semejante arbitrariedad exasperó a los indios más que todo lo que habían aguantado hasta entonces, y sublevó a las mujeres, incitándolas a tomar parte activa en el movimiento. Satyagraha iba a realizarse ahora en una escala verdaderamente amplia.

La sublevación de las "hermanas"

Dispuso Gandhi que un grupo de mujeres pasara del Transvaal a Natal sin permiso. Si las "hermanas" (como Gandhi las llamaba) no eran detenidas por la policía de la frontera, se dirigirían a las minas de carbón de Newcastle y pedirían a los obreros que se declarasen en huelga. Esto último fue lo que ocurrió, y cinco mil jornaleros contratados en las minas obedecieron la consigna. Sin embargo, un segundo grupo de "hermanas" fueron detenidas a su paso de Natal al Transvaal y condenadas a tres meses de prisión.

Gandhi organizó el campamento de mineros, obtuvo víveres y ropa para ellos y luego comunicó al gobierno de África del Sur que su "ejército" estaba dispuesto a cruzar la frontera, entrar en el Transvaal y dejarse encerrar por ello en la cárcel. Sus disposiciones eran precisas y características. Se tomó toda suerte de precauciones higiénicas y sanitarias. Sus seguidores no debían luchar, debían comprometerse a la no violencia y no debían resistir a la detención, a los palos ni a otras indignidades por parte de la policía.

La mañana del 6 de noviembre de 1913, después de las oraciones, comenzó la marcha. En el primer alto, al pasar la frontera, detuvieron a Gandhi. Le dejaron en libertad bajo fianza, pero al día siguiente le volvieron a detener, y nuevamente lo soltaron bajo fianza. Dos días después se repitieron los hechos, pero en esta ocasión no hubo fianza que valiera. Su detención fue seguida de otras muchas. Su ejército tenía órdenes de continuar, y fue detenido en masa para ser deportado a Natal. En todos los puntos del país surgieron nuevos voluntarios para afrontar la detención y el encarcelamiento. Todo esto, ampliamente difundido, promovió una tremenda borrasca.

El ejército, conducido de nuevo bajo custodia a las minas de carbón de Newcastle, se negó a reanudar el trabajo a pesar de los palos y la extenuación. Otros trabajadores se unieron a ellos. El movimiento huelguístico se extendió hasta que fueron cincuenta mil los jornaleros contratados que se negaban a realizar ninguna clase de trabajo. Miles de indios libres, como Gandhi, estaban en la cárcel.

El virrey de la India (Lord Hardinge) pidió la formación de una comisión de encuesta, y la idea fue aceptada en Londres. Botha y Smuts pusieron en libertad a Gandhi.

No era esto lo que Gandhi deseaba, pues indudablemente podía obrar con más eficacia en la cárcel que fuera.

Atacó a la comisión, denunciándola como una camarilla hostil a los derechos de los indios, y anunció que el día primero de año (1914) un grupo de indios y él saldrían nuevamente de Durban para arrostrar la detención.

No humillar al enemigo

En este momento, los empleados blancos de la red de ferrocarriles de África del Sur se declararon en huelga. Tal vez estos trabajadores blancos creyeran que los indios podrían ayudarles; pero Gandhi no fue de este parecer. Suspendió su marcha del día de Año Nuevo, explicando que el satyagraha debe ser puro y no tender a humillar o exasperar al enemigo. El gobierno se hallaba en grandes dificultades (había declarado la ley marcial): Gandhi, pues, se abstendría.

Quizá ganó más para los indios con esta abstención que si hubiera proseguido la realización de sus planes. En todo caso, Smuts le pidió que fuese a Pretoria y se explicase.

Los primeros meses de 1914 se dedicaron a una larga y concienzuda negociación entre Smuts y Gandhi. Poca duda cabe que estos dos hombres llegaron a sentir una grande y recíproca estimación durante su lucha. "No puede uno meter a veinte mil indios en la cárcel", decía Smuts. Pero aparte de la situación creada por el satyagraha, es evidente que concibió hacia Gandhi un respeto que lindaba con el cariño y con una temerosa veneración.

Un arma irresistible

El proyecto de ley de Exoneración de los Indios entró en vigor como ley efectiva en julio de 1914. Declaraba legales los matrimonios indios; abolía el impuesto de empadronamiento (tres libras) de los jornaleros contratados, declaraba que el sistema de importar de la India trabajadores contratados debía cesar en 1920; y disponía que aunque los indios no podían pasar de unas provincias a otras sin permiso, los nacidos en África del Sur podrían entrar libremente en la Colonia del Cabo.

Satyagraha se había acreditado como un arma irresistible. Completada por Gandhi con tan severas disciplinas de autodominio y no violencia, representaba algo totalmente nuevo en las técnicas de la lucha humana. Y esto, años antes de que su pleno significado pudiera ser comprendido por todo el mundo.

La obra de Gandhi en África del Sur quedaba así coronada. El 18 de julio de 1914 zarpó para Inglaterra con su esposa y su amigo alemán Kallenbach.

Antes de partir, regaló a Smuts un par de sandalias que había confeccionado en la cárcel. Smuts las llevó durante veinticinco años, hasta el día en que Gandhi cumplió setenta (1939); entonces se las envió a Gandhi como una prenda de amistad. "He calzado estas sandalias muchos veranos", dijo Smuts, "aunque no me creo digno de calzar las sandalias de un hombre tan grande".

5

En la India

"Como amigo y defensor de la paz, me consagro por entero al servicio de la no violencia, prosiguiendo la campaña que nos permitirá encontrar la libertad. Y si realmente la India puede conseguirla de esta manera, será ésta su mejor contribución a la paz del mundo".

Cuando Gandhi dejó Sudáfrica para siempre a la edad de cuarenta y cinco años, tenía ya plenamente formada la personalidad.

Había adoptado prácticamente todas aquellas disciplinas relativas a la alimentación, horas de trabajo, ejercicio, meditación, plegaria y silencio que iban a constituir su regla invariable en lo sucesivo. Había logrado las grandes realizaciones de *satya, ahimsa, brahmacharya* (verdad, no violencia y respeto de toda vida, autodominio o castidad).

Su éxito exterior al llevar a la victoria en sus derechos humanos a los indios de África del Sur había sido resultado, en grado muy considerable, de la conquista de sí mismo en tales materias. Estimaba, probablemente con absoluta razón, que no podía dirigir a los demás a menos que él mismo fuera puro. Se ha dicho que nadie puede realmente acaudillar a la India sin renunciar antes al mundo. La renunciación de Gandhi fue paulatina, pero a la edad de cuarenta y cinco años no sólo había renunciado al sexo y a los placeres de la mesa, sino que también a los ahorros, seguro de vida, posesiones de todas clases y todos los aspectos de consideración social excepto los estrictamente necesarios para el decoro de la comunidad india.

Era menudo de cuerpo, afable, triste, de ojos melancólicos, con unas orejas proyectadas en ángulo recto, como siempre. Su resistencia física era fabulosa –a veces acostumbraba hacer a pie el trayecto de la Granja Tolstoi a Johannesburgo y regreso en el mismo día, unos ochenta kilómetros en total, por ahorrar dinero– y no obstante se sustentaba con la dieta más ligera que es dado imaginar. Ya había adquirido el hábito de ayunar como una forma de plegaria, dando límites fijos a sus ayunos. Hacía voto, por ejemplo, de ayunar siete días como expiación de un pecado cometido por algunos de sus seguidores. En otras ocasiones no se fijaba límite, sino que ayunaba simplemente hasta que sentía que la "voz interior" le permitía cesar. Aunque en épocas posteriores, cuando tantos gobiernos se vieron obligados a ceder en tantos puntos a causa de ellos, estos grandes ayunos pudieran parecer una forma de coacción política, eran concebidos y ejecutados como plegarias a Dios.

El principal elemento concomitante de satyagraha, tal y como Gandhi lo desarrolló en África del Sur y luego en la India, era la lealtad hacia el contrario. Nunca debe uno valerse de malas artes con el adversario. Debe estar siempre informado de lo que uno se propone. El enemigo es, en realidad, nuestro amigo, de quien estamos temporalmente separados por causa de un desacuerdo. Estos preceptos probablemente explican el hecho, tan frecuentemente registrado, de que muchos de sus antagonistas –carceleros, policías, detectives, etc.– llegaran a ser sus mejores amigos.

Estalla la guerra

La Primera Guerra Mundial estalló dos días antes de desembarcar Gandhi en Inglaterra procedente de África del Sur. Inmediatamente se puso a organizar un cuerpo indio de camilleros para el Ejército británico. Estimaba que al aceptar todos los beneficios de la soberanía inglesa, tenía alguna obligación respecto a dicha soberanía. Su lealtad al Imperio británico no iba a experimentar cambio alguno durante otros cinco años. Pero a las pocas semanas cayó enfermo de pleuresía y, obedeciendo el consejo del médico, regresó a la India.

El retorno a la India fue en muchos aspectos una gran sorpresa para Gandhi. En veinte años apenas había pisado el suelo patrio, y le sorprendió verse recibido clamorosamente por grandes multitudes en Bombay (9 de enero de 1915). Sus anteriores visitas a la tierra natal no habían suscitado tales entusiasmos. Pero entretanto había salido victorioso en su lucha de África del Sur; y personalmente había pasado a ser Mahatma (Alma Grande) para grandes sectores de la población. A él, desde luego, no le agradaba el título. Se resistía a creer que pueda haber almas "más grandes" o "más pequeñas", y la veneración de que suele rodearse a un mahatma era un estorbo para él en la prosecución de su obra.

A lo largo de muchos años aprendió a soportarlo, y con ello la implacable atención del país entero a cada hecho de su vida –¡y las multitudes, las inconcebibles multitudes indias!–, pero existen pruebas de que nunca aceptó realmente la denominación.

Entretanto su primer año en la India transcurrió, por recomendación expresa de su admirado gurú político, Gokhale, al margen de la vida pública. Gokhale intuía que aquel hombrecillo dotado de tan singulares poderes era un instrumento del destino de la India, pero prudentemente comprendía que necesitaba tiempo para volverse a familiarizar con el país y su pueblo.

El ashram

La "familia" que se había traído de Sudáfrica, es decir, sus veinticinco o treinta seguidores de la Granja Tolstoi y de la

Colonia Phoenix, era atendida en la India en Shantiniketan, la escuela residencia que Rabindranath Tagore tenía en Bengala.

El Mahatma deseaba ahora encontrar un hogar propio para esta familia, y al cabo lo encontró en las inmediaciones de Ahmedabad, en su provincia natal de Gujarat. La Sociedad de Amigos de la India facilitó la suma necesaria para comprar el terreno y edificar barracas. Gandhi esperaba que sus paisanos, los ricos comerciantes de Ahmedabad, proveyeran los fondos para continuar la obra, y durante cierto tiempo así lo hicieron.

El *ashram* de Tagore (*ashram* es la palabra india que corresponde a una colonia-escuela) se componía de unos ciento veinticinco muchachos bengalíes y una veintena de profesores. En el ashram de Gandhi, hombres, mujeres y niños pertenecían a varias castas, sectas, razas y religiones. Había dos ingleses, Winstanley Pearson y "Charlie" Andrews. La diferencia entre los dos ashrams era como la diferencia entre Tagore y Gandhi mismos: el poeta, distante, apuesto, ostentoso y rico; el Mahatma, pequeño, atareado, humilde y sin dinero.

Gandhi se vio llamado al otro extremo de la India por la muerte de su "certero guía", Gokhale. Esto fue para él motivo de gran aflicción, y probablemente le hizo sentirse más inseguro durante su primer año de regreso en la India. Su posición era muy singular. Todas las clases políticas de la India sabían de él y de su ideario; en muchos sectores era conocidísimo por su obra en África; sin embargo, personalmente era desconocido. No había hablado nunca a grandes auditorios, y podía viajar a casi todas partes, en los más abarrotados compartimientos de tercera clase, sin ser reconocido por la gente.

Y es muy probable que él mismo no estuviera muy seguro de lo que debía hacer. Se daba por muy contento de poder edificar su ashram, guardar silencio sobre las cuestiones públicas y estudiar su medio ambiente.

Este Ashram fue inaugurado el 25 de Mayo de 1915, en él vivían aproximadamente unas veinticinco personas con votos de castidad, pobreza y servicio. Todas ellas estaban comprometidas a toda clase de trabajos comunitarios.

El ashram, conocido por Sabarmati a causa del lugar donde se erigió, fue inaugurado el 25 de mayo de 1915. En el ashram original vivían unas veinticinco personas; todas ellas bajo voto de castidad, pobreza y una vida de servicio, y todas comprometidas a las más diversas suertes de trabajo comunitario, incluso aquel que por lo general desempeñaban sólo los intocables (recogida de basuras especialmente, en lo que Gandhi insistía bastante). No mucho tiempo después de la apertura del ashram, Gandhi admitió en él a una familia de intocables. Como las tareas culinarias, el abastecimiento de agua y todos los demás servicios del establecimiento se prestaban en estrecha colaboración, la admisión de un hombre, una mujer y un niño de la infamada casta de los parias era un hecho revolucionario.

En el ashram de Gandhi no había criados. Todos eran iguales y todos participaban en el mismo trabajo por idéntica retribución. El propio Mahatma, con sorprendente energía, realizaba tareas manuales, sin desdeñar las de cavar letrinas y acarrear excrementos. Esta es la ocupación más baja que se concibe en la India, y sólo pueden desempeñarla los intocables. El hecho de que el propio Gandhi realizara tales faenas todo el mundo lo perdonaba, pues los santos, desde la más remota antigüedad, siempre han sido así humildes y dispuestos a todos los quehaceres. Por esta razón, a los santos se les considera totalmente excluidos del sistema de castas; son demasiado libres, demasiado excéntricos para obedecer las reglas de casta.

Admite intocables

Pero en el momento en que Gandhi admitió en su ashram a intocables auténticos se vio metido en un serio conflicto, pues ello significaba que otros que con él convivían, hindúes de casta, tenían que guisar y que comer en compañía de intocables, beber la misma agua y vivir con ellos análoga vida. Al dar semejante paso, ofendió a sus contemporáneos en lo más vivo.

En consecuencia, le fueron retiradas todas las aportaciones pecuniarias. Los ricos hindúes de la vecindad que habían suministrado los fondos para la creación del ashram se indignaron con él. Se extendió la borrasca, y la opinión india se volvió en contra de Gandhi.

Con absoluta calma, el Mahatma decidió trasladarse con su familia y discípulos al barrio intocable de la ciudad, a fin de convertirse ellos mismos en intocables. Semejante cosa, de haber llegado a consumarse, habría conmovido a la India muchísimo más que otra ninguna. Pero no se consumó. Un musulmán, desconocido para Gandhi, salió de la sombra y le dio una bolsa de rupias suficiente para sostener su ashram durante un año. Transcurrido este tiempo, la borrasca se había calmado, y hasta hindúes perfectamente ortodoxos se mostraban dispuestos a contribuir al sostenimiento de la obra de Gandhi, como continuaron haciéndolo a lo largo de toda su vida.

Fin del silencio

El año de silencio de Gandhi tocó a su fin con motivo de las ceremonias de inauguración de la Universidad hindú de Benares, el 4 de febrero de 1916. La universidad, a la que habían donado fortunas algunos rajás y otros hindúes ricos, se había desarrollado a partir de precarios comienzos que databan de hacía veintitantos años, siendo su fundadora original Annie Besant, la brillante teósofa inglesa. Después de las solemnes ceremonias de inauguración, la propia

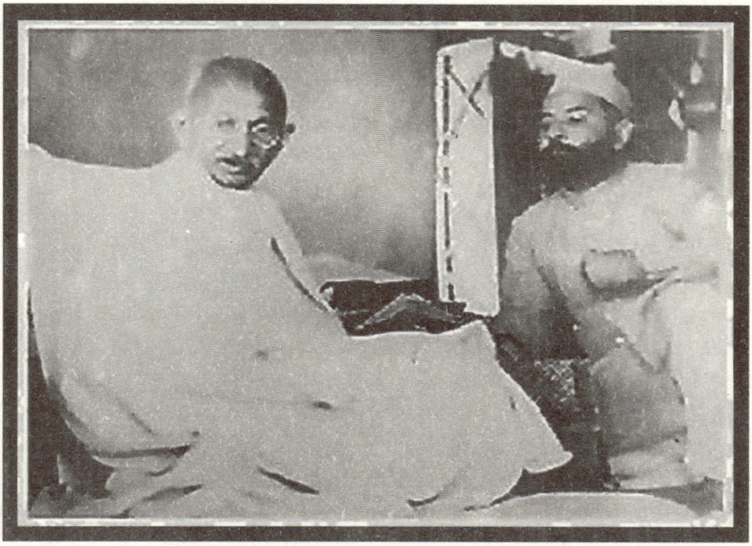

Gandhi estaba pasando por momentos difíciles económicamente hablando, en esos momentos, un musulmán desconocido salió de la nada y le dio una bolsa repleta de rupias para poder mantener su Ashram por un año completo.

La Sra. Annie Besant fue una defensora de los derechos de los hindúes, pero en una ocasión tuvo que callar prácticamente a Gandhi durante la inauguración de una universidad Hindú, donde éste ultimo se proclamó en contra de hablar en una lengua extranjera en un acto de orden nacional.

señora Besant presidió una reunión en la que Gandhi tomó la palabra.

A su modo afable y sencillo, el Mahatma brindó a sus oyentes una crítica rigurosa de la India. Empezó diciendo que lamentaba la necesidad de expresarse en una lengua extranjera (inglés) en la inauguración de una universidad hindú. Dijo que la autonomía política sólo podría conseguirse merced a la masa del pueblo. Hizo severas alusiones a las joyas exhibidas por ciertos príncipes indios en las ceremonias y al general derroche motivado por las mismas, cuando la mayor parte de la India vegetaba en el hambre y la inmundicia y la condición de los parias rebasaba ya todo lo concebible.

Habló de la falta absoluta de higiene en el país, del intolerable estado de los vagones de tercera en los ferrocarriles, de la costumbre de escupir y de otras cosas desagradabilísimas para su auditorio de indios de alto porte y oficiales británicos.

Muchos personajes abandonaron la reunión y por último el desorden se hizo incontrolable. Cuando empezaron a oírse gritos de "¡Siéntate, Gandhi!", la señora Besant, que sin duda era la más escandalizada de todos, ordenó al Mahatma que dejara de hablar y suspendió la reunión.

Gandhi, a su modo, había arrojado el guante. El ataque a las condiciones de vida en la India cuadraba totalmente con el carácter de Gandhi. Era, no obstante, una rigurosa novedad en la India, donde lo acostumbrado era decir a los indios cuán notable era su cultura, cuán antigua su tradición, cuán nobles sus aspiraciones.

El discurso se repitió por todo el país, desde el Himalaya a Cabo Cormorin, sin perder nada en la transmisión de boca en boca. Resultaba que un santo que vivía como los pobres había hablado a favor de éstos y en contra de los ricos. No había dicho ni palabra contra los ingleses, hablando simplemente, como un indio entre otros indios, acerca de la India. Los ecos se difundieron ampliamente.

Primer resultado de esta ruptura del silencio por parte de Gandhi fue un aumento de peticiones que absorbían todo su tiempo.

El uso de la rueca

El Mahatma tenía mucho que hacer en su ashram, se hallaba a la sazón muy atareado escribiendo, trabajaba por la supresión de la emigración de jornaleros contratados y estaba ya empeñado en la introducción de la rueca o torno de hilar. Poco tiempo después Gandhi pidió a todos los indios que dejaran de comprar ropa confeccionada en Inglaterra y que hilaran y tejieran sus propias materias textiles. Él mis-

Como acto de desobediencia civil, Gandhi pidió a los hindúes que dejaran de comprar ropa de origen inglés y se pusieran a hilar su propia ropa usando la rueca, este simple acto trajo muchos problemas económicos al imperio británico.

mo dio en usar diariamente una rueca; y definió el acto de hilar como un "sacramento" que elevaba hacia Dios el alma de quienes hilaban. Pero hacía todo cuanto le era posible para satisfacer todas las peticiones. La auténtica oportunidad -la oportunidad gandhiana de realizar una labor adecuada y a su modo característico- surgió más o menos por accidente.

Los cultivadores de añil

Un obstinado aparcero llamado Shukla había hecho su aparición en la asamblea del Congreso Nacional Indio de 1916 en Lucknow. Quería que el Mahatma fuese a su distrito, Champaran, y viera el abominable trato que recibían los cultivadores de añil. El Mahatma no tenía tiempo. Shukla esperó, siguió a Gandhi donde quiera que éste iba, incluso al ashram, sin cejar durante semanas enteras. Y al fin Gandhi fue a Champaran.

En el distrito de Champaran, Gandhi halló que los cultivadores del añil eran desesperadamente pobres, y emprendió una forma de acción peculiarmente suya. Comenzó en Patna, capital de la provincia de Bihar, donde cierto número de abogados y miembros del Congreso simpatizaban con los aparceros y se habían hecho cargo (mediante los correspondientes honorarios) de algunos de sus litigios ante los tribunales. El Mahatma pidió a estos hombres que fueran con él al distrito de Champaran y prestaran sus servicios gratis. Debían hallarse dispuestos a ir a la cárcel si era preciso. Le costó algún tiempo a Gandhi ganar para su causa a un número suficiente. Acto seguido advirtió a la parte contraria (en este caso el presidente de la asociación de cultivadores de añil y el delegado del gobierno del distrito) que se proponía investigar los entuertos.

Por el tono de la respuesta que le dieron, comprendió que habría conflicto y con toda probabilidad encarcelamiento para él. No por ello dejó de proceder como se había propuesto, de una manera ordenada, tomando declaración a los aparceros del añil conforme iban acudiendo a él. Su personalidad atrajo tales multitudes de los oprimidos cultivadores del añil que fue totalmente imposible castigarlos por obedecer los requerimientos del Mahatma. Ante este dilema, el juez de la localidad decidió ordenar a Gandhi que saliera del distrito, y cuando el Mahatma muy cortésmente se negó a marcharse, fue citado a juicio al siguiente día. El juez quedó sorprendido por la actitud de Gandhi, quien se limitó a declarar que era culpable de los cargos que se le imputaban y pidió se le aplicase la sanción legal correspondiente. Se aplazó el juicio, y entretanto el gobierno de la

India, un tanto inquieto por la expectación reinante, mandó sobreseer la causa.

Gandhi continuó, pues, recogiendo declaraciones. Tantos miles de ellas eran innecesarias, pero había advertido desde el primer momento que aquellos pobres cultivadores de añil, acostumbrados a las privaciones y las palizas, necesitaban por encima de todo "liberarse del miedo". En consecuencia, para darles la impresión de que tenían un amigo, librándoles de los temores de la indefensión, los alentaba a todos a referirle sus cuitas. A este fin era preciso que seis o siete de los voluntarios de Patna se mantuvieran constantemente en activo para tomar nota de las declaraciones.

Al mismo tiempo, como era habitual en él, Gandhi se ocupaba diligentemente de los problemas sanitarios. Los poblados de los cultivadores de añil, llenos de basura e inmundicias, eran vulnerables a todas las enfermedades infecciosas. Gandhi comenzó su acostumbrada labor de fregado, barrido y limpieza general, eligiendo seis aldeas para iniciar la operación, y fundó escuelas rurales en estos seis lugares.

Y en todo este trabajo, naturalmente, el acostumbrado detective del Departamento de Investigación Criminal se hallaba junto a él, tomando nota de todo y haciendo informes. Estos detectives acompañaron a Gandhi dondequiera que iba por espacio de lo menos treinta años, y él invariablemente los trataba con gran cortesía. Algunos llegaron a ser fieles amigos suyos.

Por último el gobierno se cansó de la campaña de Champaran. Nombró una comisión de encuesta, en la que figuraba Gandhi como miembro, y en consecuencia el sistema según el cual tres vigésimas partes de la tierra habían de ser plantadas de añil en beneficio del propietario de la misma fue abolido por la ley.

La experiencia de Champaran puede considerarse el primer triunfo de satyagraha en la India, aun cuando en este caso el satyagraha implicado en la acción fue en su mayor parte sólo el de Gandhi. Había alcanzado un objetivo de importancia para el bienestar humano mediante sus propios recursos característicos de verdad, autodominio y no violencia, pero sus métodos eran aún muy mal comprendidos incluso por aquellos que los aplicaban. Tenía que pasar varias horas al día explicándolos, aun a sus propios voluntarios.

El ayuno

No obstante Champaran fue, en cuanto a la acción práctica, la introducción de satyagraha en la India. No tardó mucho en seguirle la introducción de otra singularidad típica del genio del Mahatma: el ayuno con un propósito determinado.

Hubo ocasiones en que los adversarios de Gandhi alegaron que sus ayunos eran, en realidad, poco menos que una especie de chantaje. Los principales hechos que contra esta opinión pueden citarse son los siguientes: primero y fundamental, que el ayuno como una forma de oración estaba muy arraigado en la estructura sicológica de Gandhi y entrelazado con sus primeros recuerdos; segundo, que se imponía este castigo a sí mismo, mas nunca deseaba hacerlo extensivo a otros; tercero, que ya había ayunado muchísimas veces, a modo de oración para diversos fines, o como expiación de faltas cometidas por sus propios seguidores, antes de que el mundo en general le prestara mayor atención, y finalmente, que cuando se veía impelido a ayunar (muchas veces a instancias de su voz interior) procuraba evitar por todos los medios que esta forma de plegaria revistiera la menor apariencia de coerción sobre los demás.

El ayuno de 1917 vino como resultado de las responsabilidades asumidas hacia los obreros de Ahmedabad, que habían acudido a pedirle consejo. Estos obreros eran sus propios paisanos y les hablaba en su lengua natal, gujarati.

Sus patronos, los dueños de los talleres, eran también amigos del Mahatma, y muchos de ellos habían contribuido al sostenimiento de su ashram.

Efectuada la investigación, y después de hablar con ambas partes, Gandhi concluyó que las quejas de los obreros eran fundadas y que los dueños de los talleres no estaban dispuestos a dar ninguna satisfacción.

Por lo tanto, aconsejó a los obreros ir a la huelga, pero sólo a condición de que se comprometiesen a la no violencia (con los esquiroles, por ejemplo).

Los obreros cumplieron bien su promesa las dos primeras semanas. Con el tiempo, el celo por la no violencia declinó, y el Mahatma, disgustado, decidió ayunar hasta que los obreros volviesen a observar su voto. El ayuno duró tres días. Pasado este tiempo, obreros y patronos se reunieron y resolvieron el conflicto.

El ayuno de Ahmedabad inquietó incluso a algunos partidarios de Gandhi, y ello porque su finalidad fue tan concreta que tuvo visos de amenaza. Jamás se propuso Gandhi tal cosa. "Ayuné para corregir a aquellos que me amaban", fue la versión del Mahatma: es decir, para mantener a los obreros en su voto de no violencia. La solución de la huelga fue el resultado, no la intención.

Se aleja del Imperio

No estaba ya muy lejos en el tiempo el final de la vida de Gandhi como súbdito fiel del Imperio británico. Como expresión última de su lealtad, emprendió el reclutamiento de soldados para el ejército indio (inglés), durante el verano de 1918. Procedió de este modo no obstante, con la plena esperanza de que su esfuerzo –y el de la India– sería recompensado por una "participación en el consorcio" del imperio, lo que en el lenguaje de 1918 equivale a decir por la autonomía política. Pidió además al virrey (Lord Chelmsford) que solicitara del gobierno de Londres la iniciación de algún trámite para restaurar el Califato musulmán, desintegrado por la derrota turca.

Luego se lanzó a una larga y ardua caminata de pueblo en pueblo por el distrito de Kheda, en su Gujarat natal, tratando de alistar hombres para el ejército. Poco tiempo antes, en este mismo distrito, había emprendido Gandhi una campaña satyagraha en ayuda de algunos aldeanos que estaban siendo embargados por atraso en el pago de los impuestos. Había concluido con una victoria parcial, accediendo el gobierno a eximir del pago de impuestos a los más pobres. Durante la campaña, Gandhi sintió el pleno y cordial apoyo del pueblo.

Ahora experimentó un doloroso desengaño al comprobar que cuando llegaba a los suyos como agente reclutador para el ejército era recibido con incomprensión y hasta con hostilidad. "¿Y la no violencia, qué? ¿Cómo puedes pedirnos que tomemos las armas? ¿Qué beneficio ha hecho este gobierno jamás a la India?" Preguntas así le lanzaban a boca de jarro en un pueblo tras otro. Tal vez no habrían penetrado tan a fondo en su conciencia si no hubieran hallado ecos en lo más profundo de la misma. También él se había hecho análogas preguntas. Y ahora redoblaba sus esfuerzos, inquieto y desesperado por su incapacidad para hacer comprender al pueblo su punto de vista. Finalmente sucumbió a un grave ataque de disentería, su primera enfermedad seria.

No quería tomar leche

No era el Mahatma lo que se dice un buen paciente. Rechazaba las medicinas y casi todos los tratamientos propuestos por los médicos. Se limitaba a ayunar, y cuando consentía en tomar alimento, se negaba a modificar su régimen de fruta y nueces, con lo cual adelgazaba y se consumía de un modo alarmante. No quería comer huevos, y cuando le recomendaron leche, los médicos tropezaron con la dificultad del voto que había hecho Gandhi de no tomarla. Kasturbai, su paciente esposa, encontró la solución: "Tu voto se refería a la leche de vaca y de búfala", dijo, "pero no a la de cabra".

Aceptó la leche de cabra y salvó la vida, después continuó tomando leche de cabra, si bien con la preocupación de que tal vez estaba violando el espíritu de su promesa, por atenerse a la letra.

Durante esta enfermedad, llegó un mensaje del virrey diciendo que ya no era necesario reclutar soldados: Alemania había depuesto las armas. Esta liberación de una tarea que tanto debía de disgustarle acaso contribuyera a la lenta pero firme recuperación de Gandhi.

Durante este invierno siguiente a la guerra, se publicó el informe de la Comisión Rowlatt y el convaleciente Gandhi lo leyó. La comisión había sido nombrada para estudiar la sedición india y el modo de afrontarla. Su informe recomendaba la prolongación en tiempo de paz de todos los rigores de la guerra en materia de supresión de libertad de expresión, libertad de prensa y derecho de reunión.

Gandhi, demasiado débil para entrar en acción en seguida, estudió el documento con creciente indignación. Si esta era la recompensa para la India en tiempo de paz, ¿cómo cabía esperar la autonomía política? Pero, pese a las protestas de todos los dirigentes indios, los principios del informe Rowlatt fueron integrados en una ley a comienzos de 1919.

Recorre la India

Fue el momento decisivo en la vida de Gandhi como fuerza política en la India y en el mundo. Nunca había tomado parte directamente en el juego político. Ahora se enfrentaba con una acción política de gran envergadura que acometería sin vacilar. Estimó llegada la hora de aplicar, en la propia India y en amplia escala, los principios del satyagraha. A fin de preparar el terreno emprendió un viaje por la India. Dada su debilidad física, el viaje le resultó fatigoso; no obstante recorrió buena porción de territorio, dejando una considerable parte de la India en la disposición de ánimo precisa para un movimiento de protesta no violento. El humilde y leal vasallo de Su Majestad imperial iba a convertirse en un rebelde. No estaba dispuesto todavía a retirar su obediencia a la soberanía británica, pero se iba acercando a este momento decisivo a una velocidad que no hubiera creído posible muy poco tiempo antes.

En el punto álgido de la vida de Gandhi, se enfrentaba a una acción política sin precedentes, la cual enfrentó con férrea decisión aplicando a su país entero los principios del satyagraha.

6

Un rebelde

"No estoy pidiendo a la India que practique la no violencia por su debilidad. Quiero que la practique para que adquiera conciencia de su poder y su fuerza".
"Sueño con ver a mi país llegar a la independencia por medio de la no violencia".

Cuando la Ley Rowlatt entró en vigor, estaba Gandhi en casa de C. Rajagopalachari (conocido posteriormente por Rajiji), uno de sus más firmes auxiliares en las décadas que iban a comenzar. La mañana siguiente a la firma de la ley de represión, Gandhi dijo a su amigo: "Esta noche, en un sueño, me ha venido la idea de que deberíamos pedir a todo el país que observe un *hartal* general".

Hartal es un día de abstención de toda actividad económica, un día de duelo, de oración y contemplación, y a veces también de ayuno. Conforme a la interpretación de Gandhi, había de ser un día de ayuno y oración.

No esperaba Gandhi que la respuesta a su llamamiento fuese general. Creía que Madrás y Bombay, Bihar y Sind, tal vez obedeciesen su consigna. Fijó el día de hartal para el 6 de abril.

Los resultados sorprendieron a todos, incluso al propio Gandhi. La India entera observó el día. En las grandes ciudades, nadie acudió a su trabajo, los bancos no pudieron abrir sus puertas, no se cargaron ni descargaron barcos, los servicios de correos y de transportes públicos quedaron paralizados.

La completa cesación de actividad demostró a todo el mundo, incluso a los desconcertados ingleses, que una fuerza nueva había nacido en el país. El propio Gandhi, con la señora Sarojini Naidu, una de las más viejas amigas y seguidoras de Gandhi, habló en una mezquita el 6 de abril en Bombay. Juntos vendieron ejemplares de dos libros prohibidos por el gobierno: *Hind Swaraj*, de Gandhi, y su traducción de la obra de Ruskin *Unto this last*.

La excitación rebasó con mucho lo que Gandhi se había propuesto, y no se detuvo el 6 de abril como él había pedido. La India estaba revuelta. Gandhi, por su parte, trató de continuar su viaje hasta Delhi, pero fue detenido en el tren y devuelto a Bombay. La noticia de su detención, al extenderse por toda la India como un reguero de pólvora, motivó la congregación de vastas multitudes en diversas ciudades. En el propio Bombay, una inmensa muchedumbre fue embestida por la policía montada, con muchas bajas.

La violencia

En Ahmedabad, donde los obreros gozaban la especial predilección de Gandhi, la noticia de su detención incito a un tropel a la violencia, y resultó muerto un policía. Esto afligió más a Gandhi que otras noticias similares de distinta procedencia, porque creía que los obreros de Ahmedabad habían comprendido realmente el satyagraha. "Una puñalada no me hubiera dolido tanto", dijo.

Luego, el 13 de abril, fue la matanza de Amritsar. En consecuencia; decidió Gandhi que la hora de satyagraha no había llegado aún, y suspendió el movimiento. Como expiación por lo ocurrido, ayunaría y oraría tres días consecutivos, y no seguiría adelante hasta que sus principios fuesen suficientemente comprendidos para realizar el Satyagraha puro: sacrificio, y no violencia.

Ningún acto de su vida fue más desconcertante para las masas de la India que su abandono del movimiento satyagraha en aquel momento. Mucho tiempo costó a los indios en general, tanto hindúes como musulmanes, comprender que el frágil hombrecillo decía en serio lo que decía, y que ningún poder de la tierra podría inducirle a proseguir una acción si él estimaba que al realizar esa acción violaba sus principios.

La matanza de Amritsar

Amritsar era la capital del Punjab y ciudad sagrada de los sikhs. Fue teatro de los acontecimientos del 13 de abril de 1919, que no se han olvidado en la India. En aquella ciudad superpoblada había tenido lugar durante el hartal una manifestación de amistad sin precedentes entre hindúes y musulmanes. Sin embargo, por miedo a las grandes multitudes allí congregadas, el gobierno del Punjab ordenó la deportación de los dos dirigentes locales del Congreso, uno hindú y otro musulmán.

Las muchedumbres atacaron, fuera de sí; tres banqueros ingleses resultaron muertos; otros fueron agredidos. Fue destinado a Amritsar el brigadier general Reginald E. H. Dyer, y en su primer decreto (12 de abril) prohibió las reuniones públicas. Se leyó el bando al pueblo en diversos puntos de la ciudad, pero no ha podido comprobarse jamás que sus disposiciones llegaran a conocimiento de todo el mundo. Comoquiera que sea, en la tarde del 13 se celebró una reunión pública en el Jallianwalla Bagli, un espacio abierto en el centro de la ciudad. El gentío, de diez a veinte mil almas según estimación del informe oficial británico, llenaba todo el espacio desde el centro hasta uno de sus extremos.

Amristar, después de la deportación de dos miembros del congreso local, la muchedumbre enardecida mató a tres banqueros ingleses, el ejército respondió matando a 379 personas y dejando a 1137 heridas, como dato irónico, sólo dispararon 1650 cartuchos.

El general Dyer entró en dicho terreno por el extremo opuesto con veinticinco gurkhas y veinticinco baluchis, todos armados con rifles, y acto seguido, sin aviso de ninguna clase ni mandar dispersarse a la multitud, se limitó a abrir fuego y a seguir disparando por espacio de diez minutos. Como las salidas del Jallianwalla Bagh son pocas y muy estrechas, a la gente le fue imposible escapar. Según el recuento oficial británico, hubo 379 muertos y 1,137 heridos. Puesto que la tropa disparó 1,650 cartuchos, esto quiere decir que casi todas las balas alcanzaron un cuerpo humano.

Dyer ordenó además que todos los indios que pasaran por cierta calle, donde la directora inglesa de un colegio había sido maltratada por el populacho el 10 de abril, anduvieran a cuatro patas; cualquier indió que viajara en un vehículo tenía que apearse y andar a gatas; a todo indio se le ordenaba saludar o hacer zalemas a todos los oficiales ingleses en estos distritos. En el lugar donde la maestra había sido maltratada, se instaló un poste donde eran atados y azotados todos aquellos indios que desobedecían dichas órdenes.

Después de esto, pidieron a Dyer que dimitiera, y se retiró a Inglaterra. En este país la indignación subió de punto, casi tanto como en la India, y el gobierno de Londres declaró que la orden de andar a gatas dada a los indios era "contraria a toda norma de gobierno civilizado". No obstante, la matanza de Amritsar convenció a muchos indios de buena voluntad de que era inútil depositar ninguna esperanza en el gobierno británico. Al Mahatma Gandhi, no sin gran aflicción por su parte, le empujó a la política mucho más a fondo (y mucho antes) de lo que de otro modo hubiera sido.

Y en honor a la verdad hay que decir también que a muchos ingleses de buena voluntad les inspiró un sentimiento de culpabilidad y un deseo de tratar mejor a la India en el futuro. Edwin Montagu, el secretario de Estado para la India, y Lord Chelmsford, el virrey, se contaban entre ellos, y aquel mismo año de 1919 se propusieron las Reformas Montagu-Chelmsford, que daban a la India una constitución y una participación en el gobierno. Pero el amargo recuerdo de Amritsar fue la causa de muchas de las vicisitudes por que había de pasar la India en los veinte años siguientes, dada la general creencia de que ya nunca podría confiarse en los ingleses, lo cual hacía sumamente difícil toda negociación.

Gandhi deseaba por encima de todo trasladarse a Amritsar, pero el gobierno había restringido sus movimientos. Hasta octubre de aquel año no le telegrafió Lord Chelmsford que era libre de ir a Amritsar cuando quisiera "a partir del 17 de octubre". En Amritsar se lanzó a investigar por su cuenta las circunstancias de la famosa matanza. Dondequiera que iba era recibido por aquellas delirantes multitudes que ya no habían de abandonarle jamás. Miles de punjabíes desfilaron ante él y le contaron lo que habían visto y sufrido, y él escuchó a todos pacientemente, aunque rechazaba todo aquello que estimaba falto de pruebas. Principal resultado de la encuesta en la vida de Gandhi fue que le complicó más estrechamente en la vida política que antes; efectuada dicha investigación, no podía negarse a tomar parte en la reunión anual del Congreso aquel año en Amritsar ni en las conversaciones de hindúes y musulmanes sobre el califato. El proceso que había comenzado en Madrás con su sueño iba llevándole fatal e implacablemente a la posición central en la política de la India.

Amigo de los musulmanes

Este avance se aceleró por la cuestión del Califato del Islam, que los musulmanes de la India consideraban de vital importancia. Gandhi, por instinto e intención deliberada, había sido amigo de los musulmanes toda su vida.

En África del Sur dijo en cierta ocasión, mucho antes de regresar a la India, que la prueba final de su satyagraha vendría con motivo de la unidad hindú-musulmana. Ahora se le ofrecía una oportunidad de llevar a efecto dicha unidad. En noviembre de 1919 salió de Amritsar para Delhi, donde había sido oficialmente invitado a la Conferencia Musulmana.

En esta Conferencia, de la que tantas cosas dependían, Gandhi estuvo en la tribuna, escuchando todo el debate.

Los musulmanes de la India habían aprobado ya resoluciones condenando al gobierno inglés por su excesiva severidad con Turquía; ahora había llegado el momento de pensar en algún método para hacer sentir sus deseos. Todos suponían que las condiciones de paz definitivas dictadas a Turquía mutilarían aquel viejo estado y desmembrarían el Califato del Islam, centro del mundo musulmán.

La aportación de Gandhi, cuando le llegó el turno de hablar, fue la sola y trascendental frase de "no cooperación". (No podía proponer a los mahometanos la idea de satyagraha; el término era sánscrito, nada apropiado para los musulmanes angloparlantes de aquella conferencia).

Los musulmanes habían propuesto un boicot de los productos textiles ingleses. Esto, por sí solo, no era una acción suficiente; lo que se necesitaba, les dijo Gandhi, era una firme no coóperación en todos los demás terrenos: una repulsa de los empleos, honores, escuelas y tribunales ingleses. Tan grave decisión, sin embargo, no habría de tomarse a menos que las condiciones británicas de paz impuestas a Turquía fueran tan severas como se esperaba.

En noviembre de 1919, Gandhi viajó a Delhi para una conferencia musulmana, en ella se acordaría condenar al Gobierno Inglés por el trato inhumano dado a Turquía, "Mahatma" propuso un plan a gran escala de desobediencia civil.

La palabra y la idea de no cooperación dominaron después en la India la vida pública por espacio de bastantes años. Y con todo, en una nueva prueba a que se vieron sometidos al cabo de un mes, Gandhi se pronunció por la cooperación con los ingleses.

Las Reformas Montagu-Chelmsford se anunciaron la víspera de la reunión del Congreso Nacional de la India en Amritsar. El sistema constitucional propuesto era insatisfactorio para todos los indios, dijo Gandhi, "y no era enteramente satisfactorio ni siquiera para mí", pero juzgó más prudente aceptar las proposiciones de buena fe y probar a ponerlas en práctica como un comienzo.

Cuando Gandhi se enteró de que el Congreso no quería aceptar las Reformas Montagu-Chelmsford, intentó retirarse a su ashram antes que discutir la cuestión. Pero no le permitieron irse: toda decisión tomada en su ausencia habría parecido al pueblo de la India casi nula, porque el simple hecho de su ausencia habría significado desaprobación. Se quedó pues, y sus puntos de vista prevalecieron; el Congreso aprobó una resolución recomendando las reformas; y Gandhi, a partir de este momento, fue el alma incuestionable del Congreso Nacional de la India, aun cuando sus deseos fuesen contra los de la impaciente juventud del país.

El propio Gandhi, sin embargo, perdió rápidamente su fe en las buenas intenciones de los ingleses. Aparte de Edwin Montagu, nadie en el gobierno de Londres parecía comprender lo que la abolición del califato significaba para los musulmanes de la India. Se dictó a Turquía un despiadado tratado de paz. Al mismo tiempo, los hindúes de la India se sentían escarnecidos por el hecho de que el general Dyer continuara percibiendo su retiro (pagado por la India) después de su repatriación, y por el hecho de que en Inglaterra le obsequiaran con una crecida suma allegada por suscripción, y a modo de adhesión y simpatía, después de la matanza de Amritsar.

Estos episodios y el continuo rigor en la aplicación de la Ley Rowlatt llevaron por último a Gandhi a la aceptación (abril de 1920) de la presidencia de la Home Rule League (Liga para la Consecución de la Autonomía Política). Fue un acto simbólico que le situaba históricamente como adversario declarado del gobierno constituido. Paso mucho más resuelto y avanzado que todos los que había dado hasta entonces.

La no cooperación

Había llegado la hora de una activa no cooperación. Gandhi escribió a Lord Chelmsford notificándole cortésmente que había aconsejado a hindúes y musulmanes "retirar su apoyo al gobierno de Vuestra Excelencia". El virrey dijo que la no cooperación era "el más insensato de todos los planes".

El plan de Gandhi estaba muy lejos de ser "insensato", pues demostró su eficacia. A principios de agosto, los comités hindú y musulmán, en estrecha colaboración, recorrieron el país e indujeron a millones de indios a renunciar a su vestimenta inglesa e incluso a sus empleos. El propio Gandhi viajó incesantemente por la India, invulnerable a la fatiga, predicando su

Durante 1920 y 1921, Gandhi visitó casi todos los rincones de la India, pidiendo a la población que se abstuviera de usar ropa de origen Inglés, pronto se dejaron ver en todo el país hogueras con ropa.

evangelio de autonomía política, que él sintetizaba en la palabra hindi *swaraj* (autogobierno). El programa de no cooperación fue confirmado por el congreso en su reunión anual, celebrada en diciembre en la localidad de Nagpur. En Nagpur, Gandhi dio una constitución al Congreso (que antes no la tenía): esta constitución creaba el sistema de unidades territoriales de aldea, distrito y ciudad, el Comité Ejecutivo del Congreso para toda la India, compuesto de trescientos cincuenta miembros, y una Comisión de Trabajo de quince. De este modo, la corporación de banqueros, abogados burgueses y pundits, fundada en principio por los propios ingleses, se transformó en una organización popular con hondas raíces en la vida india.

Los viajes de Gandhi durante los últimos meses de 1920 y la mayor parte de 1921 le llevaron a todos los rincones del país adonde podía llegarse por ferrocarril y a muchos distritos donde el tren no llegaba. Tenía como norma pedir el holocausto de la vestimenta extranjera, y pronto ardieron por toda la India grandes hogueras de ropa. Muchas de estas hogueras las encendía él mismo, aplicando personalmente la cerilla. Hombres y mujeres adoptaban por doquier la rueca de hilar, que ahora empezaba a producirse en cantidad, y el Mahatma pedía también a todos que vistieran ropa de confección casera lo antes posible.

Por aquella época, el propio Gandhi vestía ya esta ropa, pero la indumentaria en sí era bastante convencional: un gorro blanco (conocido desde entonces como "gorro de Gandhi"), un *dhoti* y una camiseta. Hasta septiembre de 1921 no dio el paso definitivo adoptando la indumentaria de los más pobres entre los pobres: un taparrabo, y en tiempo frío un chal de confección casera.

Durante todo este periodo se recaudó dinero en amplísima escala. El espíritu de sacrificio imperaba en la India. Fue tal vez el más alto, por ser el primero, de aquellos actos de fe apasionados y generales en el sistema preconizado por el Mahatma para alcanzar la libertad. Es digno de

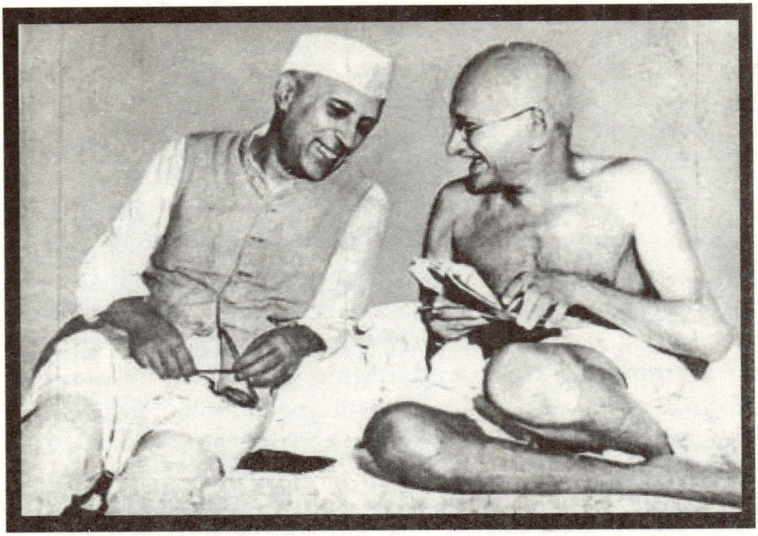

El partido del congreso ahora se encontraba en manos de activistas como M. Nehru, y toda su labor se estaba derrumbando, pero lo peor de todo según el punto de vista de Gandhi, era la desaparición de la unión Hindú-Musulmana.

notar, desde luego, que en medio de las inmensas muchedumbres y con todo el enardecimiento propio de la situación, no se dieron casos de violencia en ningún sitio durante muchos meses.

Gandhi hacía gran parte de estos viajes en compañía de Mohammed Alí, el más joven de los dos hermanos reconocidos como cabecillas de los musulmanes. Este fue uno de los momentos en que la unidad hindú-musulmana fue más estrecha. Sin embargo, en septiembre de 1921 detuvieron a Mohammed Alí y a Gandhi no, aunque se dirigían juntos a un mitin por su pie. La detención obedecía a que Mohammed Alí había pedido a los musulmanes que no se incorporaran al Ejército inglés. Gandhi, muy afligido por la pérdida de su colaborador musulmán, pidió a la Comisión de Trabajo del Congreso (5 de octubre) que aprobara una resolución declarando deber de todo soldado o ciudadano indio abandonar el servicio del gobierno; de este modo el Mahatma compartía la culpa en que Mohammed Alí pudiera haber incurrido.

El Príncipe de Gales visitó la India al final de aquel año. Tal vez se creía que el príncipe iba a calmar la tempestad; pero lo que hizo fue echar leña al fuego. Su visita suscitó aún más tensiones emocionales entre los propios indios, y estalló la violencia. En Bombay algunos nacionalistas atacaron a los indios que habían salido a dar la bienvenida al príncipe, y los alborotos subsiguientes vinieron a aumentar la tremenda aflicción del Mahatma. Inició un ayuno a modo de oración por la paz hasta que la violencia cesase, y no tomó alimento en cinco días.

No lo detienen

Se ha planteado a menudo la cuestión de por qué se abstuvieron las autoridades británicas de detener a Gandhi en 1921, época en que tantos otros eran detenidos en amplísima escala por hacer lo que él les pedía que hicieran. Al finalizar el año, había en la cárcel unos treinta mil indios por obedecer las consignas de Gandhi (sedición, lo llamaban).

Se ha dicho con frecuencia que el gobierno temía las consecuencias si mandaba encarcelar al Mahatma. Pero hoy se sabe que el responsable casi único de la inmunidad de Gandhi era el nuevo virrey, Lord Reading, un hombre verdaderamente excepcional que había comenzado su vida trabajando de botones y se había elevado hasta su dignidad actual merced a sus propios esfuerzos. A su llegada a la India, en abril de 1921, procedió a conversar con Gandhi largo y tendido, aunque ambos eran criticados por sus propios amigos de prestarse a las entrevistas. El hijo de Reading publicó con todo detalle estas entrevistas en una biografía que vio la luz mucho después (1945), biografía que completaba con las cartas del virrey a la metrópoli sobre este asunto.

En estas seis curiosas conversaciones, Gandhi intentó inculcar sus ideas de verdad, no violencia y amor al mundano virrey. Reading, aunque evidentemente alarmado al principio, pronto estuvo dispuesto a reconocer la sinceridad, cortesía y, como él dice, "distinción" de su visitante. Por espacio de muchos meses permaneció remiso a ordenar la detención de Gandhi, manteniéndose a veces él solo en contra de esta medida cuando el gobierno de Londres la exigía.

No fueron los ingleses los únicos desconcertados por la conducta del Mahatma durante el año 1921 y principios de 1922. Muchos indios deseaban iniciar una rebelión armada. Se refrenaban con la certeza de que sin la aprobación de Gandhi las masas no les seguirían.

Continuaron las detenciones hasta que prácticamente todos los dirigentes indios, excepto Gandhi, estaban en la cárcel. En la reunión anual del Congreso a fines de 1921 hubo poco que hacer salvo lo que hizo el Congreso: elegir a Gandhi como "única autoridad ejecutiva".

Su más ligera palabra era ley ahora para millones. La India, y con ella una gran parte del mundo, esperaba con ansiedad cada paso, cada movimiento de Gandhi. Los nacionalistas, más impacientes, le instaban a pasar de la no cooperación a una abierta desobediencia civil. La desobediencia civil en amplia escala (implicaría a más de trescientos millones de almas) podía muy bien desembocar en actos de violencia, y con eso contaban sin duda los partidarios de los métodos violentos.

La desobediencia civil

Sin embargo, de su interminable meditación y monólogo interior, el Mahatma sacó a la luz una nueva idea. Ensayaría sin ambages una campaña de desobediencia civil, no violenta, bajo su propia dirección, en un distrito delimitado. Eligió para su experimento el pequeño distrito de Bardoli, en el departamento de Bombay. Tenía una población de ochenta y siete mil almas, en su mayor parte repartida en aldeas, donde el riesgo de violencia era menor que en las ciudades. Aun en un distrito pequeño, la absoluta paralización de toda autoridad británica constituiría un solemne aviso para el gobierno. Gandhi esperaba que esta advertencia fuese tomada en consideración y que no fuesen necesarias más medidas extremas.

Así pues, el 10 de febrero de 1922 escribió cortésmente a Lord Reading comunicándole su decisión.

Luego se trasladó a Bardoli para hablar con la gente. Hallándose entregado a esta labor, tuvo noticia (8 de febrero) de una espantosa atrocidad.

Ocurrió en Chauri Chaura, en las Provincias Unidas. Según relato del propio Gandhi, publicado en su semanario *Young India*, se había celebrado una manifestación legalmente autorizada sin intromisión de la policía, pero después de concluido el acto, algunos rezagados fueron molestados por unos agentes. Los rezagados pidieron auxilio.

Y según las palabras de Gandhi: "El gentío volvió. Los agentes abrieron fuego. La poca munición que tenían se les terminó, y se refugiaron en la *thana*. La muchedumbre, me comunica mi informador, prendió fuego a la *thana*. Los agentes tuvieron que salir y conforme lo hacían fueron despedazados a cuchilladas y machetazos y los restos mutilados arrojados a las llamas".

Este horror deprimió de tal suerte al Mahatma que nuevamente, como en 1919, se sintió obligado a cancelar la campaña de desobediencia civil. Como penitencia, ayunó cinco días, mientras la India e Inglaterra lo contemplaban estupefactas. A los indios que protestaban, dijo el Mahatma pacientemente: "Dar marcha atrás en el programa podrá ser políticamente erróneo e insensato, pero no cabe duda de que religiosamente es sensato".

Lord Reading, que se había mantenido tanto tiempo dando largas a quienes propugnaban la detención de Gandhi, decidió ahora, un tanto misteriosamente, dar la orden de detención, y dicha orden se cumplió el 10 de marzo de 1922, a las diez y media de la noche.

Previno su detención

Hacía ya tiempo que el Mahatma había previsto su detención, y un día antes de que ésta se llevara a efecto, publicó un llamamiento pidiendo al pueblo que conservara la calma si tal ocurría. Los ingleses –equivocados como de costumbre– creyeron que su encarcelamiento "como un mortal cualquiera" sería un "rudo golpe asestado a su prestigio". No se habían enterado aún de que tal encarcelamiento era una parte prevista del satyagraha. Y al parecer tampoco habían comprendido (al menos este era el caso del virrey) que la calma y orden que reinaban en la India eran acatamiento de los deseos del Mahatma antes que obediencia al poder británico.

El juicio se celebró en Ahmedabad el 18 de marzo de 1922. Gandhi y el impresor de su revista, Mr. S. G. Banker, fueron acusados de haber escrito y publicado tres artículos sediciosos en *Young India*. Tales escritos eran desde luego sediciosos: uno de ellos lo declara implícitamente ("la sedición ha llegado a ser el credo del Congreso"), y declara asimismo culpa grave para todo soldado o ciudadano el servicio del gobierno. El día del juicio se había centrado en Gandhi la atención del país entero (y por primera vez del mundo entero). El Mahatma no se defendió contra los cargos que se le imputaban; antes afirmó que era más sedicioso, y lo había sido en mayor medida y desde hacía más tiempo, de lo que el gobierno le acusaba. Pidió al juez que le impusiera la pena más alta.

La declaración del Mahatma tuvo en su día un tremendo efecto. En 1922 su conducta todavía conservaba el elemento de sorpresa: el pueblo en general esperaba al parecer que el Mahatma se defendiera de un modo u otro, o al menos que pidiera clemencia.

El juez, Mr. C. N. Broomfield, se sintió evidentemente turbado y pesaroso. "Será imposible ignorar el hecho de que usted pertenece a una categoría diferente a la de todos los demás mortales que he tratado hasta ahora", dijo. La sentencia impuesta fue de seis años de reclusión. "Si el curso de los acontecimientos en la India hiciere posible al gobierno reducir este periodo", añadió el juez, "para nadie será mayor satisfacción que para mí".

Se llevaron a Gandhi entre los espectadores que se arrodillaban y lloraban.

Vale la pena destacar una vez más que el encarcelamiento era no sólo grato para Gandhi, sino absolutamente esencial. Su sistema dependía de él. Además, nunca pedía a otros que hicieran nada que no estuviese dispuesto a hacer él personalmente. Tal vez la medida más inteligente que podían haber tomado los ingleses habría sido no detenerle nunca ni por nada: si Gandhi se hubiera visto inmune al castigo que otros sufrían, tal vez habría abandonado la política. Comoquiera que sea, los ingleses no procedieron inteligentemente, de modo que (como solía decir el Mahatma) "la contingencia no se presentó".

Encarcelado

Gandhi fue alojado en una celda individual, en la prisión de Yeravda, desde el 20 de marzo de 1922 al 12 de enero de 1924. En una de sus cartas decía que era "dichoso como un pájaro". Su vida fuera de la cárcel había llegado a ser tan absolutamente pública que el encarcelamiento en efecto activaba y favorecía los elementos solitarios y contemplativos de su naturaleza.

Los ingleses eran extraordinariamente corteses con él, y cuando supieron que había hecho voto de hilar todos los días, quebrantaron sus normas y permitieron que se llevase a su celda una rueca de hilar. El Mahatma pasaba cuatro horas diarias a la rueca. Ésta tenía sin duda un significado místico fundamental, como en todo el universo índico y budista, mas para Gandhi tenía también una importancia práctica casi inconmensurable para "la salvación económica de la India empobrecida". El resto del día (cuatro de la mañana a ocho de la noche) lo dedicaba a los libros, correspondencia y meditación.

Esta feliz existencia terminó con un súbito ataque de apendicitis. El dilema planteado a los ingleses era peliagudo. No podían permitir que muriera en la cárcel, pero tampoco arriesgarse a una operación que podía fallar. Le trasladaron apresuradamente al Hospital Sassoon, de Poona, donde el Mahatma firmó una declaración haciendo constar que se había prestado voluntariamente a una operación y que, ocurriera lo que ocurriera, el pueblo de la India no debía tomarlo como pretexto para perturbar la paz y el orden. Esta precaución era de lo más necesaria, pues al solo rumor de su enfermedad empezó a cundir la excitación por todo el país.

La operación, llevada a cabo por un coronel del Cuerpo de Sanidad británico, se terminó con éxito, pese a las dificultades motivadas por un corte del fluido eléctrico que obligó a realizarla a la luz de un farol portátil. El gobierno decidió entonces que Gandhi llevaba ya bastante tiempo en la cárcel, y el 5 de febrero fue puesto en libertad. En medio de un inmenso júbilo nacional, el Mahatma se dirigió a la playa de Juhu, cerca de Bombay, a pasar la convalecencia en casa de un amigo acomodado.

El tiempo pasado por Gandhi en la cárcel (casi dos años) había deshecho gran parte de su preciada labor. El partido del Congreso había pasado a manos de los activistas, C. R. Das y Motilal Nehru; todos los boicots habían desaparecido o estaban desapareciendo los abogados volvían al ejercicio de su profesión y los estudiantes a sus facultades; la no cooperación había cesado y no había existido desobediencia civil puesto que el propio Gandhi la había cancelado. Pero lo peor de todo desde el punto de vista de Gandhi era que la unificación hindú-musulmana había sido destruida, y se habían promovido contiendas locales y asesinatos en numerosos lugares.

El trabajo constructivo

En estas circunstancias, Gandhi, que no quería dividir a los nacionalistas en facciones, decidió abandonar la política y dedicarse a lo que él llamaba "trabajo constructivo". A esta línea se atuvo durante varios años, pero a decir verdad todo lo que él decía o hacía tenía cierta influencia en la política por el hecho de que las masas no reconocían otro gurú. Su propio trabajo constructivo tenía amplios efectos políticos: la rueca, por ejemplo, y su labor en pro de los intocables. Sostenía que la clave del swaraj (autogobierno) para la India no estaba en los ingleses, sino en manos de los propios indios. La India sería libre cuando se purificase, y no antes.

En esta tarea de "purificar a la India" era evidente que lo primero debía ser una restauración de la amistad entre hindúes y musulmanes. En cuanto recuperó parcialmente sus fuerzas, Gandhi se hizo cargo nuevamente de la dirección de su semanario, *Young India,* y en él volvió con insistencia sobre el tema de las relaciones cada vez peores entre hindúes y musulmanes.

En el verano de 1924 las cosas iban de mal en peor entre las dos comunidades. En las ciudades, no había autoridad que sujetase a las turbas desmandadas. Cuando en el mes de junio asistió Gandhi a una reunión de la Comisión de Trabajo del Congreso y le dieron a entender que un número considerable de sus propios adeptos no creían en la no violencia, lloró públicamente. Habían seguido su campaña no violenta dos años antes porque parecía que daba algún resultado, no porque creyesen en ella como principio.

Hindúes y musulmanes

Así pues, el 18 de septiembre de 1924, Gandhi recurrió a su remedio supremo y emprendió un ayuno de veintiún días para rogar por la paz entre hindúes y musulmanes.

Teniendo en cuenta su estado físico, este ayuno era una empresa temeraria, y sin embargo parece evidente que ninguna otra cosa habría sido capaz de pacificar la India. El Mahatma había escrito y hablado sobre el tema desde que salió de la cárcel, y la situación fue empeorando cada vez más. Comprendió que la gente ya no le escuchaba. La "manía del darshan", como él lo llamaba –el deseo de las masas de recibir la mística bendición que según la creencia se obtiene con la vista de un santo o incluso de un gran caudillo– se interponía y obstaculizaba su trabajo. Y era cierto que muchos contemplaban al Mahatma con reverencia y con amor, pero no escuchaban una sola palabra de lo que decía.

Las causas del poder de Gandhi sobre las masas indias eran numerosas y complejas, pero entre ellas merece destacarse el instinto de la acción simbólica. Algunos de sus hechos más característicos (como este ayuno, y más tarde la Marcha de la Sal) llevaban el sello del genio, con su capacidad para dramatizar la realidad. Aquel ayuno de veintiún días fue una horrible tortura durante parte de ellos y profundamente serio desde el primero al último, pero al más ignorante de los aldeanos le inculcó la idea de un gran sacrificio por la paz. Mucho antes de que terminara el ayuno, millones de hindúes y musulmanes, con plegarias y llanto, se comprometieron a mantener la paz.

Mohammed Alí, el amigo de Gandhi de la campaña de 1921, tenía una casa en Delhi, y allí fue, acogido por musulmanes y atendido por médicos mahometanos, donde el Mahatma decidió emprender su ayuno. Su gran amigo el misionero cristiano Charles Freer Andrews ("Charlie") hizo las veces de enfermero. Himnos y oraciones, al principio y al final de la épica tentativa, fueron musulmanes, hindúes y cristianos. En fin, en todos los aspectos, la dramatización de la verdad del Mahatma se llevó a cabo de tal suerte que el mundo entero viese lo que la unidad religiosa era capaz de conseguir. El hecho en sí, sin embargo, tuvo en suspenso la imaginación del mundo durante aquellas tres semanas. El ayuno dio resultados tremendos e inmediatos. Infortunadamente, todos estaban basados en el temor por la vida de Gandhi; y a decir verdad, la inquina entre hindúes y musulmanes no disminuyó realmente. Jamás en muchísimo tiempo se había brindado al mundo un símbolo de tan incontrovertible pureza. Parece como si el frágil hombrecillo hubiera tenido una seguridad interior de que podía ayunar tres semanas sin que ello representara peligro alguno para su vida, y terminó el ayuno exactamente como lo había planeado, el miércoles 6 de octubre al mediodía.

La difusión de la rueca

En los años que precedieron a la gran lucha que culminó con la Marcha de la Sal (1930), Gandhi se dedicó casi por entero a su trabajo constructivo, y especialmente a la difusión de la rueca. Eran muchos los indios que aprendían a hilar, y el uso de la ropa de confección casera se generalizaba.

En 1925 se creó la Asociación de Hilanderos de la India. El propio Gandhi hacía incesantes y largos viajes por todo el país, persiguiendo siempre su fin de "purificación de la India". Sus enseñanzas no siempre eran asimilada por sus auditorios, pero su autoridad moral era tan soberana cuando se desentendía de la política como cuando tomaba parte activa en ella. Nada de lo que él desaprobaba tenía porvenir en la vida política de la India. Así, no estaba nunca "fuera del poder" ni tampoco "en el poder", en el sentido occidental de la expresión: simplemente, él era el poder, en cuanto a la India se refería.

Los años de 1924 a 1928 son notables por el hecho de que en todo el ingente cúmulo de lo que Gandhi habló y escribió hay escasa referencia al gobierno británico.

En este periodo se había concentrado el Mahatma en el "swaraj desde dentro", es decir, en la preparación de la India, mediante la "purificación" y el incesante aleccionamiento, para el puro satyagraha que sería algún día posible y que traería la independencia. En esta preparación los ingleses no tenían arte ni parte: era a los indios a quienes había que apercibir y capacitar desde dentro, los indios quienes tenían que aprender a ser limpios y veraces, y a hilar y tejer su ropa, y a ser consecuentes con su Dios. La hora de los ingleses vendría más tarde, cuando los indios hubieran alcanzado la debida madurez.

Durante la década de 1920 a 1930 Gandhi se vio importunadísimo por diversos brotes de excesiva reverencia a su persona, que a veces rayaba en adoración. Esto no le agradaba. Una tribu, la de los Gonds, le había deificado por las buenas, con gran horror suyo. A partir de 1924 ó 1925 empezaron a surgir imágenes de él en los templos.

Su aversión por estos excesos del instinto religioso indio era muy acusada.

Principalmente parece ser que le desagradaban las leyendas y los milagros. Trataba de reírse de ellos para demostrar su inexistencia. Un hombre que viajaba en un tren con él se cayó del vagón, aterrizó de cabeza y se levantó todo sonriente. Su milagrosa escapatoria, dijo, se había debido al hecho de que viajaba con el Mahatma. A lo cual dijo éste: "Pero en ese caso no se habría usted caído".

En Bengala, un pobre diablo se acercó a él con una fotografía del Mahatma colgada de una cadena al cuello. El hombre había sufrido parálisis, dijo, y repitiendo incesantemente el nombre de Gandhi se había curado. "Fue Dios quien te curó, no Gandhi", dijo el Mahatma con severidad, "y hazme el favor de quitarte esa fotografía del cuello"

Cuando salió de la cárcel, Gandhi intentó, retirarse de la vida política. La espontánea protesta que surgió del país entero le retrasó un poco en su propósito; aceptó la presidencia del Congreso durante el año 1925 con una condición: que los miembros de esta institución vistieran prendas de confección casera y que cada uno de ellos dedicase a hilar una hora diaria. El Congreso -muy dividido a la sazón en cuanto a ideas políticas- no podía hacer nada sin Gandhi; a fin de preservar su unidad aceptaron todos el *khadi*, y a partir de 1925 se convirtió en atuendo oficial para todos los nacionalistas indios.

Silencio político

En 1926, después de haber presidido el Congreso un año, el Mahatma declaró un año de "silencio político", durante el cual se comprometió a no decir nada sobre cuestiones políticas y a permanecer en su propio ashram. No cabe duda que necesitaba descanso, física y mentalmente. Por supuesto que no se mantuvo ocioso durante este año; sólo su voluminosa correspondencia y *Young India* bastaban para mantenerle atareado.

A las preguntas sobre cuestiones sexuales que llenaban las páginas de *Young India*, Gandhi dio una larga serie de oportunas respuestas durante el año. Reconocía la necesidad del control de nacimientos en la India, pero deseaba se introdujese por medio del dominio de los apetitos y no mediante anticonceptivos artificiales, que le repugnaban desde un punto de vista religioso.

Recomendaba incesantemente los matrimonios tardíos, el vegetarianismo, el ejercicio, la oración y el trabajo como medios para controlar el deseo sexual. Impugnaba los matrimonios entre niños con tanto ardor como la condición de los parias y otras calamidades; la existencia de niñas viudas (que con arreglo a la ley hindú no podían volverse a casar) le causaba un profundo horror. Publicó las estadísticas británicas correspondientes a 1921: 329,076 viudas menores de dieciséis años en toda la India, de ellas 85,037 de cinco a diez años. A las jóvenes de su ashram no les permitía casarse hasta después de cumplidos los veintiuno, y en su periódico recomendaba los veinticinco años como edad mínima para contraer matrimonio los varones.

Lord Irwin (después Lord Halifax), el nuevo virrey, llegó a la India el 1° de abril de 1926. Gandhi no mencionó este hecho en *Young India*, y hasta octubre de 1927 el virrey no mandó llamar a Gandhi. Por estas fechas el Mahatma había concluido su "año de silencio" y viajaba de nuevo por la India. Se trasladó a Delhi a entrevistarse con el virrey, y le entregaron una extraña nota escrita en un pedazo de papel anunciando la inminente llegada a la India de Sir

A partir de 1924 ó 1925, la leyenda de Gandhi creció de tal manera que en los templos empezaron a aparecer imágenes suyas, esto lo molestaba enormemente, tiempo después de su muerte empezaron a circular billetes con su efigie impresa.

John Simon al frente de una comisión parlamentaria encargada de investigar las condiciones en que se hallaba el país y facultada para recomendar reformas.

Gandhi aceptó el papel en silencio y se marchó sin hacer comentarios. La Comisión Simon estaba predestinada al fracaso desde el principio, porque no había en ella miembros indios y sólo era responsable ante el parlamento británico. Era hechura de Lord Birkenhead, a la sazón secretario de Estado para la India, que se había hecho famoso por sus dotes oratorias. "¿Qué miembro de esta Cámara", interrogaba Birkenhead en los Comunes en 1929, "puede decir que en una, en dos generaciones, en cien años, podrá entrever alguna perspectiva de que el pueblo de la India se halle en condiciones de asumir el control del Ejército, de la Marina, de la Administración Pública, y de tener un Gobernador General responsable ante el gobierno indio y no ante ninguna autoridad de este país?" Boicoteada por todos los grupos responsables de la India, la Comisión Simon redactó un informe que como documento político era letra muerta.

Vuelve a la desobediencia civil

El 28 de febrero de 1928, el Mahatma Gandhi volvió al plan que había adoptado y desechado seis años antes: una campaña de desobediencia civil sólo en el distrito de Bardoli, en el departamento de Bombay. Iba a ser una campaña hasta el final, pues el gobierno había decretado un aumento del veintidós por ciento en el impuesto que pagaban los campesinos de Bardoli, y éstos no podían pagarlo.

Gandhi dirigió las operaciones desde su ashram. Sardar Vallabbhai Patel, un brillante abogado de Bombay que hacía ya unos doce años seguía fielmente los pasos del Mahatma, asumió el papel de general en el campo de lucha. Esta se desarrolló desde el 28 de febrero al 6 de agosto. Los ochenta y siete mil campesinos de Bardoli se negaron a pagar sus impuestos.

El gobierno estaba que echaba chispas. Ganado, carros, enseres fueron embargados, y muchos campesinos dieron con sus huesos en la cárcel. La tierra fue confiscada también. Los campesinos se mantuvieron firmes, y no se dio un solo caso de violencia. Llegaban fondos continuamente de toda la India y del extranjero para ayudar a los campesinos a ir viviendo. El 12 de junio, a los tres meses y medio de la iniciación de la lucha, Gandhi proclamó un hartal para toda la India como acto de solidaridad con Bardoli.

Una vez más, como ya en otra ocasión había ocurrido, nadie acudió a su trabajo, y la India quedó completamente paralizada. Estas formidables advertencias a los ingleses tenían lugar sin violencias de ninguna clase.

El 6 de agosto el gobierno claudicó, anuló el aumento de marras, liberó a los presos de Bardoli, devolvió la tierra confiscada y prometió indemnizar por los animales o enseres embargados.

La significación de la victoria, prometedora de mayores triunfos en escala más amplia siempre que el Mahatma lo deseara, no cayó en saco roto para la India. Se hablaba cada vez más de independencia completa. Swaraj, autogobierno, era un término demasiado vago para los jóvenes. Subhas Chandra Bose, que por entonces iniciaba su carrera como nacionalista, era un partidario decidido de la violencia como arma política. Jawaharlal Nehru, aunque no sanguinario como Bose, también deseaba la independencia como objetivo manifiesto del movimiento nacionalista.

Gandhi desconfiaba de toda esta fogosidad temiendo que podía conducir a la violencia, en la cual –aparte de sus escrúpulos religiosos– sabía que los peligros para la India serían muy grandes. Asistió a la reunión anual del Congreso (Calcuta, diciembre de 1928) dispuesto a imponer su criterio de prudencia y moderación. No logró dominar la rebeldía de los jóvenes, y llegó a un compromiso pidiendo un aplazamiento de un año: es decir, que si la India no había obtenido el swaraj a fines de 1929, el Mahatma prometía respaldar una declaración de completa independencia. Con esto los jóvenes tuvieron que contentarse.

Gandhi pasó aquel año viajando por la India, en un intento de preparar al pueblo para un gigantesco esfuerzo de satyagraha en los meses inmediatos. No hablaba mucho de política: trataba en cambio, de explicar sus principios más claramente a fin de poder contar con un espíritu de sacrificio por la verdad y de no violencia cuando sonara la hora. Entretanto, tras un viaje a Londres, el virrey, Lord Irwin, hizo una declaración secundando la propuesta de una Conferencia de Mesa Redonda entre representantes ingleses e indios para estudiar el progreso constitucional indio, apuntando a la concesión de un estatuto como dominio. Esto promovió una borrasca en Londres, y la posición del partido Laborista era muy débil para hacer frente a las iras de los conservadores. Cuando Gandhi y los otros dirigentes fueron a ver al virrey el 23 de diciembre, éste se vio obligado a decirles que no podía prometer nada; no podía "prejuzgar" las decisiones de la Conferencia de Mesa Redonda.

De aquí salió, en realidad, la verdadera decisión. Gandhi ya no tenía apelación alguna.

Redacta la Declaración de Independencia

En la reunión anual del Congreso Nacional de la India aceptó el principio de una declaración de independencia total. Aquella reunión del Congreso, en Lahore, fue presidida por primera vez por Jawaharlal Nehru, que acababa de cumplir cuarenta años. Gandhi se retiró después a su ashram a redactar una Declaración de Independencia de la India, proclamada el 26 de enero de 1930.

7

La marcha de la sal

"Lo mismo que hay que aprender a matar para practicar el arte de la violencia, también hay que prepararse a morir para entrenarse en la no violencia".
"Como amigo y defensor de la paz, me consagro por entero al servicio de la no violencia, prosiguiendo la campaña que nos permitirá encontrar nuestra libertad".

Desde el momento de la Declaración de Independencia se supo en todo el mundo que Gandhi pronto emprendería una nueva campaña contra el gobierno, pero nadie sabía qué forma revestiría. El propio Gandhi estuvo indeciso, según parece, durante algún tiempo. Lo que hiciera, fuere lo que fuere, habría de ser no violento; no debería causar daño a ningún súbdito inglés. Tendría que ser lealmente notificado al adversario con la debida antelación y llevado a cabo con rígida disciplina en todo el país. Cuando Tagore visitó a Gandhi a principios del año y le preguntó qué iba a suceder, el Mahatma dijo al poeta que no vislumbraba ninguna luz en la oscuridad: por lo pronto no veía elementos en que basar su acción.

Esta situación no había de prolongarse mucho tiempo. A partir de febrero, los lectores de *Young India* advirtieron que los pensamientos del Mahatma se centraban en las Leyes sobre la Sal. La sal era en la India monopolio del gobierno inglés; nadie podía obtenerla ni comprarla si no era al gobierno. Dos artículos publicados en *Young India* analizaban las Leyes sobre la Sal y su iniquidad como un ejemplo palpable de los efectos del colonialismo y de la explotación extranjera. Poco después, el 2 de marzo de 1930, Gandhi escribió su famosa carta al virrey, que comienza:

> *Querido amigo: Antes de lanzarme a la Desobediencia Civil y a afrontar el riesgo que he temido afrontar todos estos años, me hallaría dispuesto a entrevistarme con usted y buscar una solución.*

La carta proclama su principio básico ("No puedo dañar de modo intencionado a ningún ser viviente, cuanto menos a seres humanos"), pero luego procede a acusar a la administración británica por su explotación de la India. Pide al virrey "de rodillas" que considere estas cosas y las someta a discusión. Si esto último no es posible, "el día once de este mes procederé, en unión de todos aquellos que me brinden su colaboración, a quebrantar las disposiciones de las Leyes sobre la Sal... Usted es libre, y me consta, de frustrar mi plan mandándome detener. Espero que estén dispuestos millares de compatriotas, de una manera ordenada y disciplinada, para asumir la obra después de mí".

Lord Irwin se enfrentaba con un tremendo problema, y no nos cabe la menor duda de que había depositado sus esperanzas en los cablegramas que se cruzaban entre la India y Londres. Gran parte del partido Laborista estaba abiertamente a favor de la independencia, o al menos del estatuto de dominio, para la India. El mundo entero aguardaba los hechos con extraordinario interés. El principal dilema para Lord Irwin, hombre de excepcional valía, era sí detener a Gandhi o no. Si el Mahatma iba a la cárcel, nadie era capaz de predecir el grado de violencia que podía alcanzar el movimiento que se avecinaba. Y, sin embargo, no detenerle era exponerse abiertamente al desastre.

Años después, Lord Irwin (por entonces ya Lord Halifax) me confesó que jamás vaciló en su consideración personal hacia el "hombrecillo", y que éste no había faltado nunca a su palabra. Lord Halifax era hombre muy religioso, y el conflicto en su fuero interno debió de ser de lo más doloroso. En la apremiante situación creada por la carta de Gandhi, el virrey decidió soslayar la cuestión. Mandó escribir a un secretario la sencilla respuesta de que Su Excelencia lamentaba saber que el señor Gandhi se proponía actuar de un modo "que sin duda podía entrañar violación de la ley y peligro para el orden público".

Gandhi esperó, rezó, meditó, mientras que el mundo entero (por entonces en total expectación) acechaba con creciente atención su más ligera palabra, nadie sabía qué iba a suceder exactamente. Su natural sentido del drama le indujo a reservar su dictamen hasta que llegara el gran día. Entonces, el 12 de marzo de 1930, acompañado por setenta y ocho miembros de su ashram, el Mahatma emprendió a pie el camino desde Ahmedabad a una localidad marítima llamada Dandi, a más de trescientos kilómetros de distancia. Seguido por grandes multitudes, el Mahatma caminaba unos ratos descalzo y otros con sandalias.

El entusiasmo suscitado en toda la India no ha sido nunca tal vez igualado. La "marcha de la sal" duró veinticuatro días. El viejecillo del taparrabo era el centro de la atención del mundo, y cuando acabó la "marcha de la sal", ningún otro tema suscitaba en parte alguna tan universal interés.

Gandhi era feliz y disfrutaba de perfecta salud, como siempre que emprendía algo que él considerase obra de Dios. Algunos de sus discípulos se fatigaban y padecían, pero él nunca flaqueaba. Creía que veinte kilómetros diarios, lo más que podían hacer en semejante procesión, no era ningún esfuerzo del otro mundo. En cada pueblo y aldea, el Mahatma hablaba con la gente, diciéndoles que tenían que afrontar una importantísima prueba, y que debían

La sal sólo podía ser adquirida al imperio Británico, así que Gandhi pidió que nadie le comprara sal; este acto de ilegal desobediencia desató un movimiento social sin precedentes, aunque Gandhi no fue encarcelado inmediatamente.

vivir puramente, decir la verdad, vestir ropa hecha por ellos mismos, lavarse con regularidad, dejar el alcohol y las drogas, desterrar los extremos del hinduismo (como los matrimonios entre niños) y prepararse para quebrantar las Leyes sobre la Sal cuando se les diese la señal de hacerlo.

Los aldeanos regaban los caminos para que el Mahatma no pisara polvo; extendían hojas y ramas a su paso; le seguían hasta el pueblo inmediato antes de volverse a sus casas.

La procesión avanzaba y avanzaba, mientras el gobierno se quedó paralizado y aterrado ante la fuerza de aquel nuevo y singular movimiento.

El 5 de abril de 1930, Gandhi y sus inmediatos seguidores oraron toda la noche. Por la mañana temprano bajaron al mar.

El Mahatma se metió en el agua y recogió un poco de sal de la orilla. Era sólo un pellizco de sal, pero bastaba para sus fines.

Había quebrantado la ley y desafiado al Imperio.

La sal era la más común de las necesidades. Hasta el último campesino comprendía lo que era la sal: un don de Dios, que el desalmado gobierno extranjero había robado al pueblo.

Simplemente ilegal

La disciplinada realización de la campaña de la sal fue la culminación del satyagraha como un todo. Nadie sufrió el menor daño; fue absolutamente no violenta; fue simplemente ilegal. El gobierno se vio obligado a actuar exactamente como Gandhi había previsto, y con los resultados por él anticipados.

El propio Mahatma no fue detenido en seguida. El país entero estalló en una llamarada de actividad tan pronto como se dio la señal en la playa de Dandi. Todo el mundo fabricaba sal, compraba o vendía sal, hacía todo lo posible por contravenir las Leyes sobre la Sal. El gobierno, resuelto a todo, comenzó a detener gente de un extremo a otro de la India, pero los detenidos eran constantemente reemplazados por nuevos voluntarios.

Ni la policía ni el ejército podían hacer frente a la situación con probabilidades de éxito, ya que virtualmente la población entera estaba contraviniendo la ley. Tampoco había cárceles en la India para albergar a todos los infractores, ni siquiera una fracción apreciable de los mismos.

Gandhi permaneció acampado con sus setenta y ocho seguidores por espacio de unas semanas más. No volvió a recoger sal ni a fabricarla; no tenía ninguna necesidad de ello, ya que había millones haciéndolo por él a lo largo de las inmensas costas de la India. El partido del Congreso organizó la venta ilegal de sal, totalmente en público, a todo lo largo y lo ancho de la nación. El gobierno prosiguió con la campaña de represión, hasta que al final de un solo mes había más de sesenta mil personas en la cárcel por contravenir las Leyes sobre la Sal. Se impuso la censura a la prensa india. Uno tras otro los dirigentes indios fueron encarcelados: Nehru, Rajaji (Rajagopalachari), Rajen Babu, Devadas Gandhi. El 5 de mayo, a la una menos cuarto de la madrugada, también Gandhi fue detenido. No hubo acusación ni juicio. Lo llevaron a la Prisión Central de Yeravda. Allí vivió feliz con su rueca y sus libros.

Las salinas de Dharasana

La campaña de la sal continuó. Gandhi se había propuesto realizar una incursión en las salinas de Dharasana, y así se lo había comunicado al virrey. Dicho acto lo llevó a cabo Sarojini Naidu, cuya radiante personalidad brilla a través de toda la epopeya gandhiana. El conocido corresponsal norteamericano Webb Miller estuvo presente en la incursión de Dharasana y escribió una descripción de los hechos el día mismo en que ocurrieron:

> *"De pronto, a una voz de mando, pelotones de policías nativos se abalanzaron sobre los manifestantes, haciendo llover golpes sobre las cabezas con sus lathis herrados de acero. Ni uno solo de los que marchaban levantó un brazo para rechazar los golpes. Caían como los bolos en las boleras. Desde donde me hallaba oía sonar las cachiporras contra los cráneos desnudos. Era impresionante. La muchedumbre de los que marchaban, esperando sufrir la misma suerte, gemían y suspiraban condolidos a cada golpe. Las víctimas caían despatarradas, sin sentido o retorciéndose con los cráneos fracturados o las paletillas rotas... Los supervivientes, sin deshacer la formación, seguían marchando silenciosos y obstinados hasta que les llegaba el turno de caer".*

Esta asombrosa escena se repitió durante varios días, y en todas estas ocasiones la violencia estuvo enteramente del lado de la policía. Sarojini Naidu fue arrestado el primer día.

El gobierno se hallaba ahora en graves apuros; toda actividad se paralizaba y resentía por la dimisión en masa de numerosos indios en las oficinas públicas; las rentas públicas disminuían rápidamente; las cárceles estaban de bote en bote (cien mil presos políticos) y la policía no podía más; no parecía existir solución a este dilema si no era rindiéndose a las exigencias de Gandhi. Cuando fueron a ver a Gandhi a la cárcel de Yeravda, el Mahatma dijo que no podía discutir condición alguna sin consultar con los miembros de la Comisión de Trabajo del Congreso. El gobierno entonces trasladó a sus más distinguidos prisioneros en tren especial a la cárcel de Yeravda para que hablasen con el Mahatma. En conclusión se transmitió un comunicado diciendo que un "abismo insalvable" separaba a los dirigentes indios de los ingleses en cuanto a condiciones de paz.

En noviembre de 1930 se celebró en Londres una Conferencia de Mesa Redonda sobre la India, pero fue completamente inútil porque ningún dirigente de peso, excepto Mohammed Alí Jinnah, se prestó a asistir a la misma. Había llegado el momento de que el gobierno cediera, y cedió.

Liberados

Los dirigentes indios, empezando por Gandhi, fueron puestos en libertad incondicionalmente el día de la Declaración de la Independencia india, 26 de enero de 1931. El Mahatma escribió inmediatamente al virrey dándole las gracias y preguntándole si existía la posibilidad de que ambos conversaran para tratar de solucionar las cosas.

Las conversaciones Gandhi-Halifax (o Gandhi-Irwin) tuvieron la importancia histórica de ser las primeras en las cuales un indio y un inglés hablaban de igual a igual, en representación de países que en lo sucesivo tratarían entre sí como iguales.

Winston Churchill comprendía esto con toda claridad cuando lanzó su famosa invectiva en la Cámara de los Comunes, hablando del "nauseabundo y humillante espectáculo de ese... sedicioso faquir, que sube medio en cueros las gradas del palacio del virrey, para negociar y parlamentar de igual a igual con el representante de Su Majestad Imperial".

Irwin, tan buen mozo, tan infinitamente *grand seigneur*, debió de hacer en verdad un sorprendente contraste con el oscuro hombrecillo del taparrabo, cuya grandeza era de otra clase y que trataba como igual a todo el mundo con quien hablaba, porque no tenía más que una norma de conducta invariable y universal.

El Mahatma adelantó bastante con Irwin. Terminaron su serie de Conversaciones con una elevada y recíproca estimación personal, a pesar de un sinfín de arduos regateos y enfadosos desacuerdos. Irwin se veía obligado a consultar con Londres a cada paso, y Gandhi tenía que mantener plenamente informada y conforme a la Comisión de Trabajo del Congreso. El Pacto Gandhi-Irwin, firmado el 7 de marzo de 1930, no contenía ninguna estipulación sobre el futuro de la India, pero devolvió la paz a este país; se suspendió la desobediencia civil, fueron amnistiados los presos políticos, se liberalizó el comercio de la sal a lo largo de la costa y el Congreso Nacional de la India accedió a enviar representantes a la segunda Conferencia de Mesa Redonda celebrada en Londres.

El pacto en sí, no obstante, como ya otros con mucha justicia han señalado, fue más importante que todos o que cualquiera de sus artículos. Su carácter esencial es el de un acuerdo entre iguales, y en este aspecto constituye un tácito reconocimiento de independencia. Los diecisiete años de transición que siguieron tal vez hicieran impacientarse a muchos indios y dudar a otros de la buena fe de los ingleses, pero la baza principal se ganó en 1930; lo demás eran detalles.

En Londres

Gandhi estaba ahora en la cúspide de su carrera, políticamente hablando. El Congreso, en su reunión anual, le eligió como su único representante en la Conferencia de Mesa Redonda de Londres, y zarpó para esta capital el 29 de agosto.

La conferencia situó a Gandhi en el centro de la atención mundial. La prensa de la época, en todas las naciones, refleja la intensa curiosidad que el Mahatma había suscitado, aunque en la prensa norteamericana su vestimenta y su dieta ocupaban más espacio que sus ideas. No porque estuviera en misión en Occidente podía Gandhi alterar sus hábitos de vida. Hizo el viaje a Inglaterra como pasajero de cubierta, acompañado de su cabra, a la que él mismo ordeñaba. En Londres no quiso hospedarse en un hotel del West End; se alojó en un *settlement house* (institución benéfica) de los barrios bajos, porque le gustaba vivir entre los pobres.

Y a los pobres les agradaba también su compañía. Por las calles le seguían muchedumbres de simpatizantes, y muy a menudo los chiquillos. En honor al carácter británico hay que destacar que durante todo el tiempo que duró esta visita nadie mostró abiertamente la menor hostilidad a Gandhi. En realidad pocos héroes de sangre y nacionalidad inglesa han sido tan cordialmente acogidos por la multitud.

Probablemente había agentes de policía secreta diseminados entre aquellas muchedumbres, pero no tuvieron nada que hacer. Parece ser que la diáfana honestidad de Gandhi, su sencillez y la patente cordialidad con que trataba a todos los seres humanos conquistaron el corazón de las gentes y les hicieron olvidar las diferencias políticas que le habían llevado a Londres. Hasta en Manchester, que pasaba por una terrible crisis de desempleo provocada en parte por su

Gandhi pasó más de tres meses en Inglaterra, este tiempo lo dedicó a tratar que los Ingleses simpatizaran con la India más que a tratar los temas de la mesa redonda, era muy conocido su buen humor y su sonrisa inocente.

boicot a la ropa de procedencia extranjera, fue recibido y aclamado por miles de personas.

La leyenda de Gandhi, ahora en pleno apogeo, se multiplicó incesantemente durante estas semanas y llenó de anécdotas, unas verdaderas y otras falsas, pero todas más o menos dentro de su carácter, la prensa del mundo entero. Todos los personajes distinguidos, y muchos no distinguidos, deseaban una entrevista con Gandhi: hombres de letras, teólogos y científicos, así como políticos o periodistas. Bernard Shaw, el Arzobispo de Canterbury, el Rey, la Reina, el más novato de los periodistas norteamericanos, los chicos en las calles: todos eran lo mismo para Gandhi, y los trataba exactamente igual.

El taparrabo, la cabra, la desdentada sonrisa del Mahatma, su indeclinable buen humor, su afición a la risa inocente: todo ello acabó por hacerse familiar a todo el mundo occidental. Su propia observación acerca de su indumentaria: *You wear plus-fours and I wear minus-fours* (Ustedes llevan pantalón bombacho y yo llevo mini-pantalón) dio la vuelta al mundo.

El tiempo que Gandhi pasó en Inglaterra (casi tres meses) lo empleó más en un esfuerzo para lograr que el pueblo inglés simpatizara con la India que en la Conferencia de Mesa Redonda propiamente dicha. A ésta asistía, por supuesto, como único representante del Congreso, pero había muy pocas posibilidades de acuerdo porque el Mahatma se vio obligado a dejar bien sentado desde el comienzo que el Congreso deseaba la completa independencia para la India.

Esto era contrario al Artículo 2 del Pacto Gandhi-Irwin, que había reservado la defensa, los asuntos extranjeros y algunas deudas nacionales al control británico. El Congreso había desautorizado a Gandhi en esto, y ahora obedecía instrucciones de hacerlo constar así.

A los ingleses les parecía que era el propio Gandhi quien se desautorizaba; había firmado el pacto y ahora se retractaba de su firma. Para Gandhi, con toda probabilidad, era evidente que no podría conseguir la absoluta independencia para la India entonces, y que el mejor partido que podía tomar sería preparar al pueblo inglés para concederla en el futuro.

Hablaba sin descanso a toda clase de auditorios, visitó Oxford y Cambridge, Lancashire y Eton, así como un crecido número de grupos organizados en Londres. Se esforzaba sobre todo en explicar el significado de la independencia para la India, y sus definiciones de entonces eran notablemente semejantes a la forma que, en su día, la Independencia india revistió al fin. Pretendía separar a la India "del Imperio totalmente, de la nación inglesa en modo alguno, si quiero que la India gane y no lo tenga luego que lamentar. El Imperio debe desaparecer de mi país y me gustaría

Gandhi ofreció pláticas en varios foros durante su visita a Inglaterra, hablaba sin parar, su objetivo era separar a la India completamente del Imperio Británico. El desarrollo de la independencia se dio exactamente como Gandhi lo había dicho.

ser un asociado de igual a igual con la Gran Bretaña, compartir sus penas y sus alegrías, y ser asimismo un asociado en plano de igualdad con los Dominios. Pero tiene que ser una asociación en términos de igualdad".

La labor de Gandhi caló hondo en Inglaterra, y cuando llegó la hora de la independencia, la nación inglesa la concedió desinteresada e incondicionalmente, y la India, un año después, decidió permanecer "asociada" a la Commonwealth. Fue un exacto cumplimiento de la argumentación de Gandhi en 1930.

La Conferencia de Mesa Redonda propiamente dicha, como entidad u organismo de donde tenía que salir el futuro de la India, se inició con escasísimas probabilidades de éxito, por estar compuesta de elementos inherentemente desintegradores. Lord Reading, al comienzo, había definido su proyecto del siguiente modo: "dar viabilidad a los postulados de la India preservando al mismo tiempo nuestra posición, que no debemos ni podemos abandonar".

El virrey (ahora Lord Willirigdon) había enviado a Londres una colección selecta de reaccionarios y representantes de diversas sectas y banderías cuyas ideas e intereses estaban totalmente contra toda forma de unión auténtica en la India. Cada fracción deseaba votar por separado, como tal fracción -los musulmanes votarían por musulmanes, los parsis por parsis, etc.-, en las elecciones legislativas que habían de instituirse bajo la nueva constitución.

Todos indios

Esto era contrario a todos los principios y deseos de Gandhi. El Mahatma no quería electorados separados: los in-

Lord Willirigdon, entonces virrey, mandó a esta sesión a un selecto grupo de reaccionarios en contra de la unión de la India, la intención real del Virrey era fomentar aún más el divisionismo en este país.

dios eran todos indios y como tales indios debían votar. La perpetuación de las divisiones de la India, vaticinaba, conduciría a más y mayores perturbaciones. El prestigio inglés, a pesar de todo, era alto en la India, y como los ingleses no parecieron estar en contra del fraccionalismo en esta conferencia, nada más fácil de entonces en adelante para un agitador que recabar el apoyo o la aprobación británica.

La conferencia terminó el 10 de diciembre de 1931 con un absoluto fracaso. Al dividir a los indios más profundamente que nunca, puso las cosas probablemente mucho peor.

Campaña de represión

Las noticias que dieron a Gandhi a su regreso a Bombay no tuvieron nada de buenas. El gobierno había iniciado una nueva campaña de represión y detenciones en el norte y noroeste motivada por una campaña del Congreso contra el pago de los arrendamientos. Jawaharlal Nehru había sido encarcelado dos días antes de la llegada de Gandhi. Gandhi intentó inmediatamente ver al virrey (Lord Willingdon), pero el virrey no quiso recibirle. El Mahatma había desembarcado en la India el 28 de diciembre de 1931, y el 4 de enero de 1932 lo volvieron a detener. Esta vez, lo mismo que la anterior, no hubo acusación ni juicio; lo encerraron en la prisión de Yeravda por decisión del gobierno

Su acostumbrada felicidad de recluso se vio menoscabada y finalmente extinguida por la decisión del gobierno británico de crear, en la nueva constitución para la India, electorados separados no sólo para hindúes y musulmanes, sino también para los intocables. Por estos últimos, los hijastros del hinduismo, había trabajado Gandhi toda su vida, pero no quería que se los utilizase como medio para dividir a los indios. Sin embargo, a pesar de las numerosas protestas de Gandhi, el gobierno inglés siguió adelante con el proyecto, que Ramsay MacDonald, el primer ministro, anunció en Londres el 17 de agosto.

Ayunar "hasta la muerte"

La respuesta de Gandhi fue terrible. En su carta del 18 de agosto a MacDonald declaró que se vería obligado a ayunar "hasta la muerte", comenzando el 20 de septiembre.

El ayuno comenzó el 20 de septiembre al mediodía. Muchos millones de indios ayunaron en aquella fecha; se elevaron preces por doquier; el país estaba de duelo. Los dirigentes indios comenzaron a negociar a toda prisa alguna especie de compromiso que indujese a Gandhi a suspender el ayuno.

El Mahatma no estaba fuerte por aquella época, y ya las primeras veinticuatro horas se hicieron sentir en su naturaleza. Al cuarto día se creyó que no podría resistir más, agotadas sus últimas reservas, y en todo el país empezaron a abrigarse serios temores por su vida. Ambedkar, el dirigente intocable, que no era adepto de Gandhi, era el más difícil de abordar para los hindúes, y sin embargo no valía la pena negociar ningún compromiso si no llevaba su firma. Ambedkar visitó a Gandhi en la cárcel, y en arduas y dilatadas discusiones se forjaron laboriosamente las líneas generales de un acuerdo que firmaron todos sin excepción el 24 de septiembre. El Mahatma aprobó el compromiso, pero no podía dejar de ayunar hasta que el gobierno británico lo hubiese aprobado también. El 26 de septiembre se anunció simultáneamente en Londres y en Delhi que el gobierno británico aceptaba el Pacto de Yeravda. El ayuno del Mahatma concluyó aquel día, al aceptar un vaso de jugo de naranja de manos de su esposa, Kasturbai.

El ayuno tuvo un efecto electrizante sobre la sociedad india. Por todo el país se llevaron a cabo demostraciones en las que hindúes de casta se mezclaban con intocables y se sentaban a la mesa con ellos; los templos abrieron de par en par sus puertas a los parias; se hicieron promesas de luchar contra la discriminación y se le enviaron a Gandhi a la cárcel. Los seis días que duró el ayuno se consideraron como un periodo de duelo en toda la India, y el fin del mismo fue ocasión de fiesta y alborozo nacional.

Gandhi había pedido a los hindúes que desterrasen "de raíz la intocabilidad". Para este objetivo más ambicioso y más amplio, la adopción de un electorado combinado no era en sí misma muy importante, pero el gran movimiento iniciado en toda la sociedad hindú para satisfacer los deseos de Gandhi era una fuerza vital. El objetivo más permanente del Mahatma, la purificación de la India, que en política siempre le parecía más importante que ninguna otra cosa, adelantó con el ayuno de 1932 más de lo que hubiera avanzado con décadas de enseñanza y predicación.

También parece que volvió más firmemente la atención del propio Mahatma hacia aquellos fines no políticos por los que tanto se interesaba. Su trabajo constructivo, como él solía llamarlo. Desde el ayuno hasta que estalló la segunda guerra mundial, Gandhi dejó a otros la política y empleó lo mejor de su energía en su labor por los intocables, por las mujeres y los niños de las aldeas, por la educación básica y por la rueca.

Estas actividades, como el cuidado de los enfermos, satisfacían lo más íntimo de su ser. Podía caminar descalzo de pueblo en pueblo, un mes tras otro, con infatigable energía, predicando contra la intocabilidad, diciendo a la gente que fuera limpia y que se amasen unos a otros. Y al comienzo de este periodo, emprendió un ayuno de veintiún días para su propia purificación. El día en que lo empezó, el gobierno le sacó de la cárcel, pues su fallecimiento en ella habría sido una calamidad para la soberanía británica. Parecía imposible que pudiera sobrevivir a un ayuno de tres semanas enteras, cuando sólo seis días de no tomar alimento le habían llevado seis meses antes a las puertas de la muerte. Y no obstante el largo ayuno, sin la ansiedad ahora de los seis días de septiembre, le dejó en tan perfecto estado como siempre: él no habría tenido inconveniente en decir que mejor.

En febrero de 1933, estando aún en la cárcel, fundó la Harijan Sevak Sangh, una sociedad para mejorar la suerte de los intocables mediante pueblos modelo, escuelas y otros procedimientos, y al mismo tiempo inició la publicación de un semanario titulado *Harijan*, que había de reemplazar a *Young India*. *Harijan*, que significa "hijos de Dios", era la palabra que Gandhi empleaba para designar a los intocables. Desde ese, momento hasta el de su muerte jamás dejó de hacer todo lo que estuvo a su alcance, de los modos más prácticos, por esas víctimas oprimidas del sistema de castas.

Una entrañable costumbre suya de los últimos años era la de conceder su autógrafo –que constantemente le pedían– por cinco o diez rupias para la obra Harijan. Nadie que le escribiera de cualquier parte del mundo se quedaba sin su correspondiente firma, pero el Mahatma inflexiblemente cobraba el estipendio.

Las ideas de Gandhi sobre educación básica se han llevado a la práctica en amplísima escala en diversas provincias después de la muerte del Mahatma. Mucho fue lo que en él influyeron los métodos de Mme. Montessori, a quien conoció en Londres en 1930, y su propio sistema acaso deba bastante al de ella.

Empezó, como siempre, al nivel del pueblo llano, el nivel del pobre aldeano indio cuya forma de vida (alimento y vestido) imitaba. Tal aldeano no puede permitirse el lujo de prescindir del trabajo de sus hijos. Por lo tanto la escuela debe combinar la enseñanza con el trabajo utilitario, que deberá ser remunerado. Es decir, si un chico sabe hacer una buena banqueta o un par de sandalias debe pagársele el producto de su trabajo y su horario escolar debe repartirse proporcionalmente entre este tipo de artesanía y la instrucción corriente.

Gandhi, en su incesante peregrinación por toda la India, llevó sus ideas al pueblo como nadie lo había hecho, con toda probabilidad, desde Gautama Buda. Es muy posible hallar en la India lugares que Gandhi nunca visitó. El país es enorme y los pueblos innumerables. Pero es rarísimo encontrar un indio en parte alguna, incluyendo los más pobres, que no se acuerde de haber visto al Mahatma por lo menos una vez en su vida.

Roman Rolland, uno de sus biógrafos, cuenta que Gandhi solía vender su autógrafo en cinco o diez Rupias, este dinero lo destinaba a la Obra Harijan, cualquier persona que le escribiera podía tener su autógrafo previo pago de la cantidad acordada.

8

Una India libre

"La prueba decisiva de la no violencia es que, luego de un conflicto no violento no quedan rencores y, tarde o temprano, el enemigo se convierte en amigo".
"El adversario debe ser liberado del error mediante la paciencia y la simpatía. Liberado y no aplastado; convertido y no aniquilado".

Gandhi se hallaba ahora al margen de la política, pero los políticos seguían consultándole siempre que lo estimaban conveniente; él no tenía reparo alguno en hacerles esperar fuera mientras curaba a un mendigo o atendía a un leproso. La aprobación del Mahatma era indispensable para toda decisión de importancia, y su desaprobación era fatal para cualquier idea o actividad. Jawaharlal Nehru, a la sazón presidente del Congreso, dijo que Gandhi era el "Superpresidente permanente". Cuando Gandhi accedió a la participación india en los cuerpos legislativos establecidos bajo la nueva constitución, los candidatos del Congreso triunfaron en muchas provincias y tomaron parte en el gobierno. Esto fue, en opinión de Gandhi, un preludio de la independencia que anhelaban, tal vez un adiestramiento para ella.

La segunda guerra mundial motivó su retorno a los asuntos públicos. Cuando se declaró la guerra, el gobierno británico metió a la India en seguida en el conflicto sin consultar a ningún indio. Esto ofendió a toda la opinión en el país.

Sólo apoyo moral

El virrey (a la sazón Lord Linlithgow) pidió a Gandhi que acudiese a Simla al día siguiente de la declaración de las hostilidades. Gandhi había observado el progreso del fascismo en Europa con un temor lleno de malos presentimientos, y fue categórico en su condena del sistema de Hitler: era "la pura fuerza despiadada reducida a una ciencia exacta". En la entrevista de Simla prometió su apoyo moral a Inglaterra y a los aliados, y declaró que, "mi alma entera está con los polacos en la desigual contienda en que se hallan empeñados por defender su libertad".

Estas declaraciones eran todo lo más a que él podía llegar en su apoyo a la guerra; no pensaba tomar parte activa de ningún género y ni siquiera habría defendido a la India contra la agresión. De este modo se hallaba en discrepancia con los líderes políticos tanto británicos como indios. El Congreso entendía que la India podía contribuir al esfuerzo bélico bajo ciertas condiciones políticas. Gandhi no se avenía nunca a negociar y regatear sobre cuestiones de principio: "Sea cual sea la ayuda que se preste a los ingleses debe prestarse incondicionalmente", dijo.

Sin embargo los dirigentes del Congreso siguieron adelante con su manifiesto del 14 de septiembre de 1939, que condenaba la agresión de Hitler pero también culpaba a las democracias occidentales por su imperialismo y concluía que "una India libre" se asociaría gustosa con otras naciones libres.

Este manifiesto (obra de Jawaharlal Nehru) no representaba las ideas de Gandhi sobre la cuestión, pero una vez publicado, Gandhi pidió al país que lo apoyara, esperando que aquella "desviación del método no violento quede confinada al terreno más estrecho posible y que sea temporal".

El virrey contestó al manifiesto del Congreso, siguiendo sin duda órdenes de Londres, que Inglaterra no podía definir aún los objetivos de guerra; prevenía a la India contra los avances demasiado rápidos en el autogobierno.

En vista de ello, el Congreso votó la abstención de toda ayuda a Inglaterra, y pidió que dimitieran los miembros del Congreso que formaban parte de gobiernos provinciales.

A Gandhi, siempre con sus escrúpulos de conciencia, no le agradaba ni que se hablase siquiera de aprovecharse de las dificultades por que pasaba Inglaterra, y sobre todo deseaba atenerse a la no violencia. Entretanto, el precipitado curso de los acontecimientos en la primavera de 1940 alarmó a la India como a la mayor parte del mundo. Hitler parecía haber conquistado Europa. Hubo un poco de pánico; los bancos ingleses, asediados por su clientela, se vieron un tanto apurados. Gandhi pidió al país que conservara la calma y dijo que si Inglaterra tenía que morir, moriría "heroicamente". Tenía una noción bastante exacta, parece ser, del valor y la tenacidad que en momentos críticos son capaces de desplegar los británicos.

Nehru, no obstante, en su deseo tanto de ayudar al esfuerzo bélico como de obtener a trueque alguna ventaja para la India, tenía las riendas de la Comisión de Trabajo del Congreso, eficazmente auxiliado por Rajaji. Sabía el Mahatma que su no violencia no se acomodaba al talante del momento, y todo lo que pudo hacer fue dejar que la resolución se aprobara: en ella prometía el Congreso "volcarse de lleno" en el esfuerzo bélico defensivo si a la India se le concedía la independencia y un gobierno indio.

Winston Churchill era primer ministro en Londres, y la independencia india nunca había sido una idea aceptable para él. También puede dudarse, desde el punto de vista histórico, si la crisis de una guerra desesperada era momento oportuno para una operación tan dificultosa como la transferencia de poder.

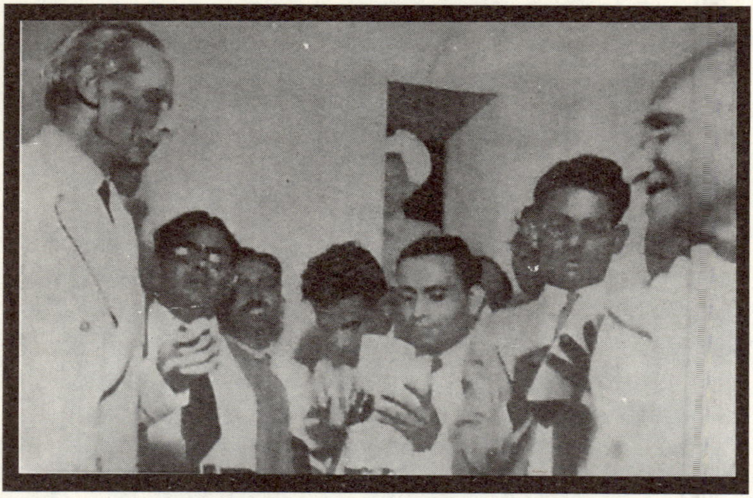

M. Alí Jinnah fue un personaje principal en el movimiento de independencia de la India, desafortunadamente su intervención no traería buenos resultados a este país como se vería más adelante.

Sea como fuere, la respuesta al Congreso fue una rotunda negativa, junto con la declaración de que Inglaterra no podía ceder el poder a un gobierno indio al que se oponían amplios sectores de la población india. Se refería con esto a los musulmanes ajenos y contrarios al Congreso, los cuales habían sido organizados por Mohammed Alí Jinnah en una nueva y vital oposición.

El Congreso entonces se inclinó de nuevo hacia la no cooperación no violenta. Para Gandhi debía de resultar más que evidente que los líderes políticos adoptaban sus principios únicamente cuando lo estimaban ventajoso. Sin embargo, el Mahatma les dio la bienvenida no sin advertirles que se abstuvieran de emprender nada que pudiera entorpecer a los ingleses. Visitó Gandhi al virrey en nombre del Congreso, proponiendo se permitiese a esta institución actuar libremente entre el pueblo aun cuando no prestase su apoyo al esfuerzo bélico. Esto también fue denegado.

No causar daño

La conciencia de Gandhi no le permitía causar ningún daño efectivo a los ingleses en tal momento, pero tampoco podía aceptar aquella negativa total de derechos a la India, y decidió una campaña de desobediencia en pequeña escala. En cosa de un año fueron encarceladas 23,223 personas por hablar públicamente contra el esfuerzo bélico.

La entrada del Japón en la guerra a fines de 1941 puso fin a esta fase de la experiencia bélica de la India. El gobierno inglés liberó a los presos; el Congreso se apartó nuevamente de las ideas de Gandhi; el ejército japonés avanzaba incontenible por el Sureste de Asia y acaso pronto estuviera en la India.

Sin embargo, los Estados Unidos y Rusia combatían ahora contra Hitler, y los norteamericanos también contra el Japón. En las altas esferas ya no dudaba nadie que estaba asegurada la victoria final. Pero la opinión norteamericana, siempre de tendencias pro-indias, no veía con buenos ojos el trato que Inglaterra daba a la India; le parecía que se apartaba demasiado de los fines manifiestos de la guerra.

En años recientes se han hallado bastantes pruebas de que el presidente Roosevelt nunca descuidó por mucho tiempo el tema de la India en su correspondencia con Winston Churchill. Y en la propia Inglaterra, amplios sectores estaban con Roosevelt antes que con Churchill: la contradicción india, parecía evidentísimo, tendría que resolverse más pronto o más tarde, y cuanto antes se solucionara, mejor para los fines aliados.

Fue precisamente en este punto cuando Churchill envió a Sir Stafford Cripps a la India a discutir posibles cambios constitucionales con los dirigentes indios. Cripps llegó a Nueva Delhi con una serie de propuestas concretas para la concesión del estatuto de dominio, que incluye el derecho a abandonar la Commonwealth en cualquier momento. Dicho estatuto se otorgaría una vez terminada la guerra, acompañado de una disposición permitiendo a cualquier zona o provincia separarse de la Unión India y constituir un dominio aparte.

De las propuestas de Cripps, lo único que Gandhi podría haber aceptado era el estatuto de dominio. Lo demás -estatuto especial para los príncipes indios y la amenaza de "vivisección" o partición de la India- no podía aceptarlo. El artículo final sobre el esfuerzo bélico era incompatible con la no violencia.

Por consiguiente, Gandhi rechazó íntegra la propuesta que le hizo Cripps nada más verla y se marchó a casa sin decir ni una sola palabra más.

Nehru y Rajaji continuaron las conversaciones, junto con los líderes de muchas facciones y minorías indias, pero al final las proposiciones no fueron aceptadas. Cripps regresó a Inglaterra el 12 de abril. Es de presumir que Churchill, que ya había ido en este asunto mucho más allá de sus auténticas convicciones, debió de alegrarse del fracaso de la misión de Crippis; que se encargasen otros de contraer ante la historia la responsabilidad por la "disolución del imperio de Su Majestad", como él lo llamaba.

Quizá Gandhi deseara hacer frente a la amenaza de invasión japonesa mediante una resistencia pasiva en escala gigantesca, y estimaba que sólo podía hacerlo así si la India era libre y dueña de sus propias decisiones. Sin libertad, sin un gobierno nacional, la India naturalmente sería defendida al modo convencional por las fuerzas británicas y aliadas, y aunque Gandhi no deseaba impedírselo, tampoco quería ayudarles.

Sus ideas difieren

Las ideas de Gandhi sobre este particular diferían bastante de las de sus más íntimos camaradas y adeptos políticos, todos los cuales deseaban la independencia precisamente para poder combatir en la guerra. Nehru, en particular, era antifascista desde hacia años, y deseaba combatir por todos los medios que le fuera posible. Requisito indispensable era la inmediata independencia para la India, y la Comisión de Trabajo así lo resolvió en Wardha el 14 de julio. Si esta propuesta se rechazaba, declaraba la resolución, el Congreso se vería "obligado contra sus mejores deseos" a emprender una campaña de desobediencia civil.

La decisión final se tomó en la reunión que los días 7 y 8 de agosto de 1942 celebró en Bombay la Comisión General del Congreso. En opinión de Gandhi no significaba que la desobediencia civil debiera empezar en seguida; él quería, como de costumbre, tratar de negociar primero, y estaba trabajando en la redacción de una carta al Presidente Roosevelt cuando lo detuvieron, a última hora de la noche del 9 de agosto, y lo llevaron a su última prisión, el palacio del Aga Khan en Poona. Con él fueron también arrestados la mayor parte de los demás líderes del Congreso.

Estas detenciones dieron al traste con toda esperanza de una campaña de desobediencia civil y no violenta. El pueblo indio se hallaba ahora sin jefes y no contaba con la fuerza tranquilizadora de la voz y el ejemplo de Gandhi que le disuadiera de los excesos. A Gandhi lo tuvieron sin periódicos durante la primera parte de su estancia en la cárcel, y naturalmente no sabía, o lo sabía sólo por sus carceleros, lo que ocurría en el país. Bandas de compatriotas suyos destrozaban las líneas férreas, se entregaban a actos de violencia, cortaban los alambres telegráficos y atacaban a los guardias. En algunos distritos, el movimiento, ya totalmente incontrolable, asumía el aspecto de rebelión armada.

Cuando Gandhi empezó a recibir periódicos, pudo ver que tanto en Delhi como en Londres los gobiernos estaban empeñados en lo que él llamaba "embustes y tergiversaciones", cuyo propósito era hacer responsables de los desórdenes de la India al Mahatma y al Congreso. Era un esfuerzo típico de propaganda de guerra, y a Gandhi le afectó muchísimo. Por lo tanto, su primera carta al virrey (14 de agosto) difería bastante del habitual estilo del Mahatma; las cinco páginas en que se extendía estaban llenas de acusaciones. Linlithgow contestó lacónicamente que no podía admitir aquellas críticas.

El día último de año Gandhi volvió a escribir al virrey diciéndole que le dolía muchísimo que él, su viejo amigo, le hubiera metido en la cárcel sin audiencia previa. Decía asimismo que él no era responsable de la violencia desatada en el país, sino que lo era el propio gobierno. Había decidido ayunar, y anunciaba que comenzaría el 9 de febrero y que el ayuno duraría veintiún días.

Un ayuno contra la violencia

El virrey contestó con desacostumbrada rudeza: "Considero la utilización de un ayuno para fines políticos como una forma de chantaje político". Eran palabras muy fuertes, teniendo en cuenta lo cuidadoso que había sido siempre el Mahatma al definir sus ayunos. En su respuesta decía: "A pesar de su descripción del ayuno como 'una forma de chantaje político', es por mi parte una apelación al más Alto Tribunal, clamando por la justicia que no he logrado obtener de usted. La posteridad juzgará entre usted, representante de un gobierno todopoderoso, y yo, un hombre humilde que ha tratado de servir a su país y a la humanidad a través de él".

El gobierno trató de salir de este dilema poniendo en libertad a Gandhi, pero si lo libertaba, decía el Mahatma, no ayunaría –dando a entender de este modo que podría dedicarse a otras actividades. Era, pues, tan enfadoso para el virrey en la cárcel como fuera de ella, pero se creyó más seguro dejarle ayunar teniéndolo confinado en el palacio del Aga Khan.

Aquel ayuno (10 de febrero a 2 de marzo de 1943) fue en la India una prueba terrible para todo el mundo, y el gobierno se vio en un permanente atolladero, asediado por todas partes. No hubo más remedio que permitir a las multitudes la entrada al palacio a fin de que vieran al Mahatma con sus propios ojos, pues el miedo a su muerte se había apoderado del país. Pasada la primera semana se fue debilitando progresivamente, y parece que llegó a esperarse en todo el mundo su fallecimiento antes de transcurridos los veintiún días. La propia Kasturbai parece haberlo creído así.

La aflicción de Gandhi durante el periodo que pasó en el palacio del Aga Khan –agosto de 1942 a mayo de 1944– fue extraordinaria. La violencia era desenfrenada en toda la India, y esta violencia se atribuía oficialmente a los hechos y andanzas del Mahatma. Si no le hubieran arrestado, creía él, tal vez habría logrado impedir los disturbios.

Muere su esposa

A esta angustia cotidiana vinieron a sumarse dos graves desgracias personales: primero, la muerte de su fiel secretario, Mahadev Desai; segundo, la muerte de la propia Kasturbai, su compañera de toda la vida, la esposa de su juventud. La pena del Mahatma en ambos casos fue extraordinaria, pero trató de expresarla en los términos de desasimiento y desapego del mundo propios del *Gita*, probablemente sin demasiado éxito. Había vivido con Kasturbai sesenta y dos años, y aunque ella, como una devota y sencilla mujer hindú, no había sido capaz de seguirle en todos sus experimentos con la verdad, había asimilado gran parte de sus enseñanzas sin ponerlas en tela de juicio. Tanto Mahadev como Kasturbai fueron incinerados en el patio de la prisión y sus cenizas enterradas juntas en los terrenos del palacio.

Después de esta tragedia personal el Mahatma sufrió dos graves enfermedades, primero malaria y luego un trastorno intestinal. La gran hambre que azotó Bengala en 1943

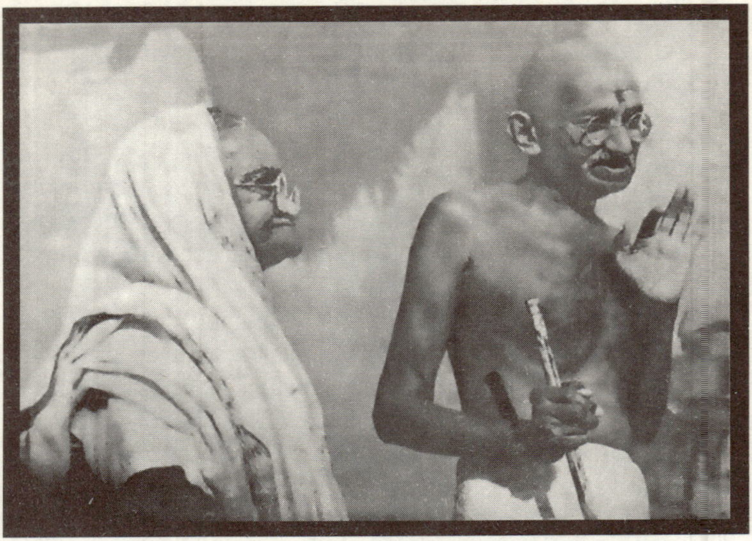

La muerte de Katsurbai, su esposa durante sesenta y dos años, fue un golpe muy fuerte en el ánimo del ya desgastado Gandhi, pero su voluntad siguió inquebrantable. Katsurbai había seguido los pasos de su marido fielmente sin poner en duda su autoridad.

se había declarado y resuelto mientras él estaba en la cárcel; el desafecto de las masas indias hacia el gobierno británico era más fuerte que nunca; se hizo evidente que si el Mahatma moría en la cárcel seguirían probablemente muy graves consecuencias. El nuevo virrey, Lord Wavell, puso en libertad a Gandhi, y con él a Patel, a la señora Naidu y a sus asociados el 6 de mayo de 1944.

Evitar la "vivisección"

La historia de los tres años siguientes es esencialmente el relato de la última lucha de Gandhi para salvar a la India de lo que él llamaba vivisección. Siempre había dirigido sus actividades hacia la unidad nacional en el vasto subcontinente. Y ahora aparecía en el horizonte, precisamente cuando la liberación de la India estaba en puertas, la más seria de todas las amenazas a la unidad del país: un movimiento musulmán militante que se había propuesto como fin la creación de una nación separada.

Dicho movimiento era reciente: el nombre de la nueva nación, Pakistán, aún no se había difundido. Musulmanes e hindúes llevaban siglos conviviendo en todas las regiones de la India, mezclados y confundidos en pueblos y ciudades.

Eran sustancialmente el mismo pueblo, y la mayor parte de los musulmanes eran descendientes de hindúes que habían sido convertidos al Islam en diversos periodos (y generalmente por la espada) de los siglos pasados.

Las lenguas del sur eran comunes para hindúes y musulmanes. En el norte existía una diferenciación lingüística entre el urdu, la lengua musulmana, y el hindi; y con todo, aun estas dos lenguas solían ser mutuamente inteligibles.

Gandhi no veía razón alguna para la creación de un estado musulmán separado. Una frase suya sobre este asunto, dirigida a Mohammed Alí Jinnah, se había hecho famosa: "Puedes partirme a mí en dos si lo deseas, pero no dividas en dos la India". Jinnah, por el contrario, declaraba que la nación musulmana existía ya y debía poseer sus derechos. Cien millones de musulmanes en una nación gobernada por trescientos millones de hindúes se verían ahogados, solía argumentar.

La prueba decisiva

Gandhi multiplicó sus esfuerzos. Ahora que iba recobrándose lentamente de su enfermedad, sabía que la independencia estaba cerca, y que tal vez fuera inmediata si él lograba unir a musulmanes e hindúes. Muchos años antes, en África del Sur, había previsto que la "prueba decisiva" sería esta. En cuanto se encontró con fuerzas suficientes, escribió a Mohammed Alí Jinnah proponiéndole un diálogo para buscar una fórmula de compromiso.

Las conversaciones tuvieron lugar en la magnífica residencia que Jinnah poseía en Bombay, durante el verano de 1944.

Jinnah quería que las zonas de más densa población musulmana votaran separadamente de la Unión India, pero sólo los musulmanes tomarían parte en tal votación: esto significaba que en cierto número de provincias clave donde musulmanes e hindúes estaban casi igualados en población, los hindúes quedarían privados de sus derechos totalmente. Gandhi, por el bien de la paz, estaba dispuesto a permitir que los sectores de población predominantemente musulmana votaran por separado, si así lo deseaban, después de conseguida la independencia, pero esperaba se estableciese una administración común en asuntos extranjeros, aduanas y otras cuestiones por el estilo.

Jinnah, abogado competentísimo y de mucho éxito, fue en otros tiempos un vigoroso colaborador del partido del Congreso, pero estaba personalmente celoso de la posición única de Gandhi y le desagradaba profundamente Jaharlal Nehru. Era vanidoso y un elemento de su carácter era el tener cierta repugnancia innata a desempeñar un papel secundario. Convirtió la Liga Musulmana en una fuerza militante anticongreso y adoptó la idea del Pakistán (que data de 1936) como grito de guerra.

La idea del Pakistán

En este nuevo estado deseaba incluir las provincias de Sind, Beluchistán, el Punjab, la Provincia Fronteriza del Noroeste, Bengala y Assam, y de resultas, naturalmente, una enorme minoría hindú que de este modo quedaría sin opción a opinar ni decidir sobre su propia suerte. En menos de diez años Jinnah había transformado totalmente la situación en la India, al extremo de que a la mayoría de los indios políticamente activos les parecía ahora que el adversario no era Inglaterra, sino los indios de otra religión.

A últimos de junio de 1945, siendo Churchill aún primer ministro, Lord Wavell convocó en Simla a todos los líderes y les expuso un proyecto según el cual el Consejo del virrey sería enteramente indio, integrado por indios que elegiría el propio virrey de sendas candidaturas presentadas por todos los partidos. Musulmanes e hindúes estarían representados en "proporciones iguales", pese a que los hindúes excedían en número a los musulmanes en la proporción de tres a uno. Esto era, en efecto, una forma de autogobierno, en la que sólo subsistía un vestigio del viejo Imperio, y los líderes del Congreso estaban dispuestos a aceptarlo. Jinnah lo rechazó, al parecer porque Wavell había nombrado miembros musulmanes del consejo, cuando a él sólo debía haber correspondido ese derecho.

Los acontecimientos se sucedieron después rápidamente. Churchill fue derrotado en las elecciones británicas; subió al poder un gobierno laborista y llamó a Wavell a la metrópoli. A su regreso a la India, el virrey anunció un nuevo plan, según el cual se celebrarían elecciones para los cuerpos legislativos central y provinciales como preludio de una nueva constitución. Los resultados de las elecciones respondieron a lo previsto: el Congreso ganó en los distritos con mayoría hindú y la Liga Musulmana en las zonas musulmanas.

Para resolver el problema planteado por esta lucha inconciliable, Clement Attlee decidió enviar a la India a tres miembros de su gobierno -la Cabinet Mission- con facultades para redactar un proyecto de transferencia del poder de Inglaterra a la India. La misión hizo públicas sus decisiones el 16 de mayo de 1946. Había estudiado cuidadosamente el terreno, y tomó buena nota de las instancias de Jinnah para la creación de una nación musulmana separada. Su informe destaca el hecho de que cualquier línea que se trazase para la partición de la India dejaría nutridas minorías en cada lado, puesto que las líneas trazadas a través de las provincias violentarían la geografía, la economía y las tradiciones locales.

En consecuencia, en vez de partición, los ministros recomendaban un gobierno federal que requeriría mayoría tanto de musulmanes como de hindúes para todo lo relativo a ambas comunidades de creyentes. Un gobierno provisional habría de preparar el camino para una asamblea constituyente.

Para Gandhi, como para otros responsables políticos de la India, siguió un periodo de incertidumbre acerca de estas propuestas. Gandhi estimaba que había fracasado en su principal misión en la India; que los indios no habían comprendido la no violencia y que por lo tanto no podía volver a emprender ningún tipo de campaña de desobediencia ci-

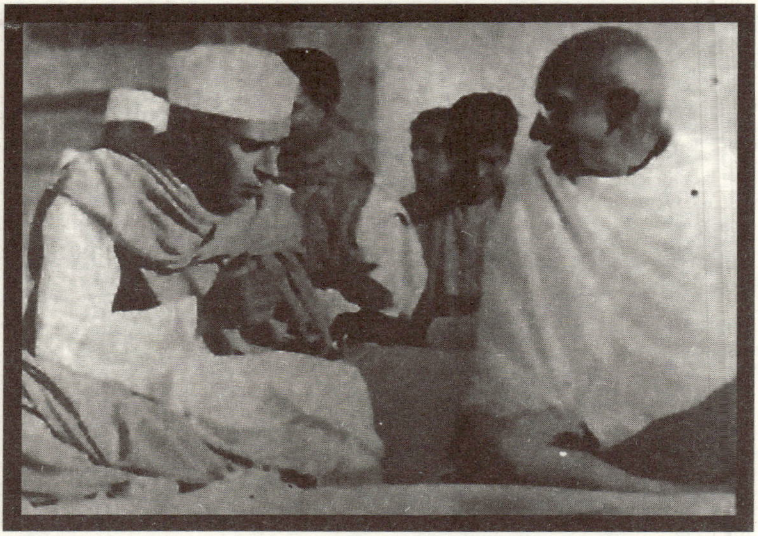

M. Nehru, fue requerido por el Virrey para formar el nuevo gobierno, el cual nació el 2 de septiembre de 1946, Gandhi se refirió a Nehru como: "Vuestro Rey sin corona y Primer Ministro".

vil. Creía que lo mejor que podían hacer los líderes del Congreso era acudir a la asamblea constituyente y sacar de ella el mejor partido posible.

La incertidumbre duró hasta bien entrado el año 1946. Jinnah podía haber entrado en el gobierno provisional, pero se negó a ello porque no quería permitir que hubiera en él ningún musulmán que no fuese de los suyos; el Congreso también tenía candidatos musulmanes. Por último el virrey pidió a Nehru. que formase el gobierno provisional que nació a la historia el 2 de septiembre de 1946. Este gran acontecimiento, que hizo a Gandhi referirse a Nehru como "vuestro rey sin corona y primer ministro", fue considerado por Jinnah y la Liga Musulmana como señal de duelo y despliegue de banderas negras.

Hindúes contra musulmanes

Había sido terrible: el mes anterior se habían desencadenado en Calcuta sangrientas luchas callejeras entre hindúes y musulmanes con no menos de cinco mil muertos y más de quince mil heridos; a estos disturbios siguieron otros en doce puntos diferentes de la nueva nación.

Una de las últimas grandes marchas de Gandhi tuvo lugar como resultado de la violencia desatada entre ambas comunidades, que ahora quizá más que nunca afligía al Mahatma en lo más hondo de su ser. Eligió Bengala Oriental para emprender una larga correría de pueblo en pueblo. Había estado viviendo en una chabola, en el barrio de los intocables de Nueva Delhi, donde los miembros del nuevo gobierno podían consultarle más o menos a su albedrío. La explosión de violencia en Bengala Oriental le había afectado de un modo especial por haber ocurrido en pequeñas aldeas donde, por lo general, hindúes y musulmanes habían convivido siempre sin trastorno. Decidió recorrer a pie los distritos de Tippera y Noakhali, donde se habían perpetrado las matanzas.

El viaje a través de la India lo hizo en tren especial, como había llegado a ser habitual siempre que el Mahatma se desplazaba, pues en cada estación se congregaban enormes multitudes, y un tren ordinario sufría de este modo tales retrasos que trastornaba todo el horario. Su tren especial se componía de coches de tercera que habían limpiado con esmero.

Gandhi llegó a Noakhali el 7 de noviembre y permaneció en el distrito hasta el 2 de marzo de 1947, peregrinando de pueblo en pueblo. Eran pueblos muy pobres de la comarca del delta, donde los ríos Ganges y Brahmaputra juntan sus aguas, y no había ni carreteras ni medio de transporte. Gandhi permanecía unos días en cada pueblo, o a veces sólo dos, y luego proseguía su viaje a pie hasta el siguiente, a través de un territorio que había sido despiadadamente hostil a los hindúes, y con sólo tres compañeros. Buena parte del tiempo caminaba descalzo. A veces los pueblos estaban medio en ruinas; el pillaje había alcanzado enormes proporciones; muchos hindúes habían huido, asustados.

El Mahatma seguía adelante, a pesar de todo, y los mahometanos se congregaban a miles para escucharle. Predicaba su viejo mensaje de fraternidad, pureza de corazón, perdón de las injurias. Antes de concluida su peregrinación, las relaciones entre hindúes y musulmanes en los distritos de Tippera y Noakhali habían experimentado una mejora muy notable. Luego partió para Bihar, donde habían sido terribles los derramamientos de sangre, y se decía que los muertos, en su mayor parte musulmanes, pasaban de diez mil. Gandhi llevó el mismo mensaje a Bihar, donde los pecadores habían sido los hindúes; y por lo general solía ser un tanto más severo con los hindúes, su propio pueblo, que con los musulmanes.

"Perdería el derecho que tengo a llamarme hindú", decía, "si apoyara las malas acciones de correligionarios hindúes o de cualquier otro ser humano".

Para la negociación definitiva y cambio de poderes de la India, fue elegido el Virrey Lord Mountbatten, quien resultó la mejor elección debido a sus finas cualidades diplomáticas.

Pero mientras él se hallaba en este largo viaje de pacificación, observado por toda la India, los acontecimientos políticos habían alcanzado una fase decisiva. El gobierno laborista estaba resuelto a una inmediata transferencia de poder en la India, y por primera vez fijó una fecha: "no más tarde de junio de 1948". Para la negociación definitiva y la consiguiente transmisión de poderes, Attlee efectuó una, elección de lo más afortunada nombrando al almirante Lord Mountbatten último virrey, pues Mountbatten era un hombre con la habilidad, la inteligencia y la simpatía requeridas para tan delicadísima tarea.

La independencia

Mountbatten llegó a Delhi el 22 de marzo de 1947, e inmediatamente invitó a Gandhi y a Jinnah a visitarle en su palacio. La independencia había llegado, en efecto: todo lo que quedaba por hacer era determinar sus condiciones. Cuando Gandhi salió de Bihar para Delhi en el que había de ser su viaje postrero, tal vez pensara que aquel era el término de un larguísimo camino, y a pesar de todas sus tristezas, debió de sentir algún ramalazo de júbilo por el advenimiento de la libertad.

9

Independencia y separación

"La energía generada por la no violencia es infinitamente mayor que la de todas las armas ingenuamente inventadas por el hombre".
"En estos días que reina la fuerza bruta parece casi imposible liberarse definitivamente del yugo de la violencia".

La dura prueba porque hubo de pasar el Mahatma alcanzó su fase más aguda durante los seis u ocho meses anteriores a su asesinato, a causa principalmente de la partición de la India y de la ola de sufrimiento humano que le siguió.

Gandhi se desenvolvió bien con Mountbatten, como todos los dirigentes indios. No era culpa de Mountbatten que la partición pareciese ahora condición básica de la independencia india. Jinnah, al frente de cien millones de musulmanes no aceptaba otra cosa. Mountbatten le dijo que podría obtener la partición, pero no al precio de dejar a un inmenso número de hindúes y sikhs dentro de las fronteras del Pakistán contra su voluntad: la línea divisoria debería trazarse a través del Punjab y Bengala, dos provincias que Jinnah reclamaba en su integridad.

Nehru, Rajaji y el resto de los dirigentes del Congreso aceptarían esto como precio de la independencia. Gandhi les autorizó a hacerlo así, pero nunca aceptó la partición sino de una manera pasiva. La aceptación tuvo lugar en la reunión piadosa celebrada en Delhi el 4 de junio de 1947, y decidió la suerte del Imperio británico.

Pero durante todo aquel terrible verano e invierno el Mahatma pasó mil fatigas y trabajos. Hubo disturbios y muertes casi en todas partes. Le parecía a Gandhi que había malgastado su vida, que todos sus esfuerzos no habían servido para nada. Allí donde la desproporción numérica hacía posibles las matanzas, los musulmanes mataban hindúes y los hindúes mataban musulmanes. Se ha calculado que por lo menos siete u ocho millones de seres humanos perdieron la vida en esta hecatombe sin precedentes, y algo así como quince millones de personas se vieron arrancadas de sus hogares y arrojadas del Pakistán a la India o de la India al Pakistán.

Violencia colectiva

No se podía haber imaginado mayor tortura para el Mahatma Gandhi. Para impedir aquello precisamente había dado él su vida. Con su cansancio a cuestas, volvió a Calcuta, donde la violencia colectiva se había hecho general, y allí recorrió las calles, en automóvil o a pie, hablando a la gente. Llegó seis días antes de la transmisión del poder.

El día de la liberación de la India, 15 de agosto de 1947, lo pasó enteramente en silencio, ayunando y orando. Su presencia restableció la paz en Calcuta, pero aún no era completa; el Mahatma declaró un "ayuno a muerte" o hasta que Calcuta hubiera vuelto a su sano juicio. Antes de setenta y tres horas Calcuta había vuelto a la normalidad. Y así continuó: durante todos los horrores del mes o de los dos meses siguientes en otras partes de la India, en Calcuta reinó la paz.

Gandhi salió de Calcuta para Delhi el 7 de septiembre. Tenía intención de ir al Punjab, pero le rogaron que se quedara en Delhi por expreso deseo del gobierno. Y permaneció en Delhi, la capital de la nueva nación.

La edad y las enfermedades hicieron mella en la salud de Gandhi, durante su último ayuno, el temor de su muerte era profundo, pero la ciudad de Delhi, temiendo la muerte de "Alma Grande" se pacificó y regresó a la normalidad.

En la ciudad se había desatado la barbarie. Los asesinatos estaban a la orden del día. Ninguna calle era segura. Se perpetraba la más espantosa de las carnicerías. Por aquellas fechas, los musulmanes habían sido casi completamente expulsados o exterminados. El Mahatma no paraba un instante, y dondequiera que él iba se restablecía la paz, pero no podía estar en todas partes a la vez. Y en el Pakistán, hindúes y sikhs eran exterminados al mismo tiempo y en idéntica escala. El Punjab era quizás lo peor de todo, y allí deseaba el Mahatma terminar su peregrinación por la India, puesto que en cierto sentido la había comenzado allí (en Amritsar).

Su último ayuno

No había de ser así. Comenzó su último ayuno el 13 de enero de 1948, por la paz en la propia Delhi: "Si Delhi se desmanda, la India entera se nos irá de las manos, y con ello la última esperanza de paz en el mundo", dijo. Ayunaría hasta la muerte o hasta que Delhi se pacificase.

Aquellos días fueron singulares y solemnes. Las calles por donde había corrido la sangre aparecían llenas de penitentes de todas las religiones orando por la vida del Mahatma.

El temor a la muerte de Gandhi reinaba por doquier, tanto entre los forasteros como entre los propios indios.

El último ayuno terminó con una solemne promesa de todos los principales líderes del hinduismo de mantenerse en paz con sus hermanos musulmanes. El Mahatma aceptó un vaso de jugo de naranja de su viejo amigo musulmán el Maulana Sahib (18 de enero de 1948).

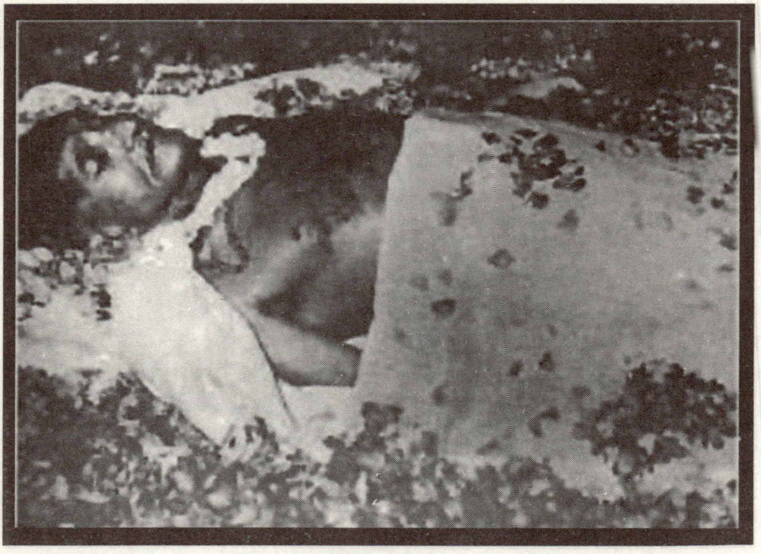

El 30 de enero de 1948, será recordado como un día negro para la paz mundial, eran poco más de las cinco de la tarde, cuando Gandhi fue asesinado por Nathuram Vinayak Godse, quien después de recibir su bendición le disparó tres veces, dando muerte así a la leyenda de "Mahatma Gandhi".

Por espacio de doce días Gandhi se recuperó de su ayuno. Los primeros días lo llevaban a sus oraciones de la tarde en una silla de mano improvisada, pero después se calzaba sus sandalias y bajaba dando un paseo por el jardín, apoyándose en "las niñas" (sus nietas o una nieta política).

Así caminaba el viernes 30 de enero poco después de las cinco de la tarde. Llegaba tarde, cosa rarísima en él, pues se le esperaba a las cinco. La versión oficial dice que se presentó a las cinco y cinco. Subió los pocos escalones que daban acceso a la terracita del fondo del jardín, donde él elevaba sus plegarias. Nathuram Vinayak Godse, joven ultranacionalista hindú, se inclinó ante él, recibió su bendición y acto seguido disparó tres veces y lo hirió de muerte. La sonrisa de Gandhi desapareció de sus labios, bajó las manos, unió sus palmas y musitó: He Rama (Oh, Rama).

El Mahatma había muerto, sonriendo y pronunciando el nombre de Dios.

10
Sus palabras

"¿Qué importa que cada uno elija un camino diferente si es que todos llegamos a la misma meta?"
"El conocimiento de las cosas de Dios no se encuentra en los libros. Pertenece al terreno de la experiencia vivida personalmente".

Gandhi fue un hombre de acción, sus ideas y pensamientos no se quedaron en mera teoría, por el contrario, en el convulsionado mundo de su época, llevó a la práctica cada una de sus palabras y su vida constituyó un verdadero ejemplo que merece ser seguido. Conocer a Gandhi es encontrarse con la vida, con la libertad, con el amor, con la paz, con la no violencia, con la verdad. Por ello, es que consideramos de suma importancia acercarse a él a través de sus palabras.

"Ojo por ojo, y el mundo acabará ciego".

"La gente se arregla todo los días el cabello ¿por qué no el corazón?"

"Con el puño cerrado no se puede intercambiar un apretón de manos".

"La fuerza no proviene de la capacidad corporal sino de una voluntad férrea".

"La verdadera educación consiste en sacar a la luz lo mejor de una persona".

"No hay camino para la paz, la paz es el camino".

"Sacrificarse a sí mismo es infinitamente superior que sacrificar a los demás".

"Si tú estás en paz contigo mismo, al menos hay un lugar pacífico en el mundo".

"Todo lo que se come sin necesidad, se roba al estómago de los pobres".

"Para mi la verdad es Dios y el único camino para encontrar la verdad es la no violencia".

"Yo también soy un anarquista, aunque de otro tipo".

"Obsérvalo todo, corrige lo que puedas; manténte firme aunque te falte la esperanza".

"En cuestiones de conciencia no rige la ley de la mayoría"

"Perdonar es olvidar".

"Ninguna sociedad puede llegar jamás a la perfección, dado que la perfección es el atributo privativo de lo Absoluto".

"El Estado, es la violencia en una forma concentrada y organizada... autogobierno significa un esfuerzo para liberarnos del control estatal, sea éste extranjero o nacional".

"El Estado ideal no violento, también, será una anarquía ordenada".

"La no violencia no busca el poder. Ni siquiera lo tiene en cuenta. El poder simplemente le acompaña. En otras palabras, que en lugar de desearlo, el poder debe ser sólo aceptado".

"El 'gandhismo' no existe y no quiero dejar tras de mí ninguna clase de secta".

"No debemos perder la fe en la humanidad que es como un océano: No se ensucia porque algunas de sus gotas estén sucias".

"La persona que habla de sus inferiores no tiene ninguno".

"Amor y verdad son las dos caras de Dios. La verdad es el fin; el amor, el camino".

"La no violencia es una meta hacia la cual debe dirigirse la humanidad entera".

"Dios y la verdad son dos términos convertibles..."

"Por la libertad de mi pueblo estoy dispuesto a dar gustosamente mi vida, pero por nada, estoy dispuesto a quitarle la vida a otro".

"Todo asesinato o daño cometido contra otro o infligido a un semejante 'no importa por qué causa', es un crimen contra la Humanidad".

"Siempre me ha parecido muy misterioso que un hombre pueda sentirse honrado con lo que representa una humillación para sus semejantes".

"Me esforzaré en amar, en decir la verdad, en ser honrado y puro, en no poseer nada que no sea necesario, en ganarme la vida con el trabajo, en comer frugalmente y lo indispensable, en no tener jamás miedo, en respetar las creencias de los demás, en ser un hermano para mis hermanos".

"Está muy bien hablar de Dios cuando se ha desayunado bien y se espera un almuerzo mejor. Pero es imposible calentarse al sol de la presencia divina cuando millones de hambrientos llaman a nuestra puerta".

"Estoy seguro de que si Cristo volviera, bendeciría la vida de muchos que jamás han oído hablar de él, pero que con su vida han constituido un ejemplo vivo de las virtudes practicadas por Cristo: La virtud de amar al prójimo más que a sí mismos, la de hacer el bien a todos y no hacer mal a nadie".

Sus pensamientos

"Mi concepto de democracia consiste en que el más débil debe tener las mismas oportunidades que el más fuerte. Esto jamás puede lograrse salvo mediante la no violencia".

"Creo que la democracia auténtica sólo puede originarse en la no violencia. La estructura de una federación mundial sólo puede erigirse basándose en la no violencia, y la violencia debe ser totalmente desechada de los asuntos mundiales".

"Por lo tanto, la regla áurea de la conducta es la tolerancia mutua, en razón de que nunca pensaremos todos de la misma manera y siempre veremos la verdad fragmentariamente y desde distintas perspectivas. La conciencia no es una misma cosa para todos. Si bien es una excelente guía para la conducta individual, la imposición de esa conducta a los demás es una insoportable intromisión en la libertad de conciencia de cada uno".

"Las diferencias de opinión nunca deben significar hostilidad. Si así fuera, mi mujer y yo hubiéramos sido enemigos irreconciliables. No conozco, en el mundo, dos personas que no sostengan opiniones distintas, y como yo soy adepto del *Gita* siempre me he propuesto tratar a todos aquellos que difieren de mí con el mismo afecto que siento por los más próximos y queridos".

"Si queremos evitar que la ley y el capricho de la multitud rijan el desenvolvimiento de la comarca, quienes afirman que dirigen las masas deben rehusarse decididamente a ser guiados por ellas. Creo que el mero enunciado de la opinión personal y el sometimiento a la opinión de la masa no basta, aún más, en problemas de vital importancia, los conductores deben obrar contrariamente a la opinión de las masas si éstas no cuentan con razones para sustentarla".

"Es inútil un conductor cuando actúa contra el dictado de su conciencia debido a que lo rodean personas que sostienen toda suerte de puntos de vista. Si carece de una voz interior que lo sostenga y lo guíe, navegará a la deriva como un navío sin timón".

"Estoy absolutamente convencido de que ningún hombre pierde su libertad sino por su propia debilidad".

"El verdadero demócrata es aquel que valiéndose de medios exclusivamente no violentos defiende su libertad y, por lo tanto, la de su patria y, en última instancia, la del género humano".

"La democracia disciplinada y lúcida es lo mejor del mundo. Una democracia llena de prejuicios, ignorante y supersticiosa se debatirá en el caos y hasta es posible que llegue a destruirse a sí misma".

"No deseo prever el futuro. Sólo me concierne preocuparme por el presente. Dios no me ha concedido dominio sobre lo que vendrá".

"El objetivo siempre escapa de nosotros. Mientras mayor sea el progreso, mayor la comprensión de nuestra falta de mérito. La satisfacción reside en el esfuerzo, no en el resultado. Plenitud de esfuerzo es plenitud de victoria".

"Si en apariencia tomo parte en política, ello se debe exclusivamente a que en la actualidad la política nos rodea igual que el abrazo de una serpiente del que no podemos desasirnos por mucho que lo intentemos. Por lo tanto, deseo luchar con la serpiente".

"Niego ser un visionario. No acepto que me atribuyan santidad. Estoy en la tierra... Me siento inclinado a debilidades tan numerosas como las vuestras. Pero he visto el mundo. He vivido en el mundo con los ojos abiertos. He soportado las pruebas más tremendas que han recaído en el destino del hombre. He soportado esta disciplina".

"Lo que es válido para los individuos es válido para las naciones. No se puede perdonar demasiado. El débil nunca puede perdonar. Perdonar es atributo de los fuertes".

"Preferiría que la India pereciera antes de que conquistara la libertad con el sacrificio de la verdad".

"Si no tuviera sentido del humor me habría suicidado hace mucho tiempo".

"De alguna manera soy capaz de extraer lo más noble de la humanidad y eso me permite mantener mi fe en Dios y en la naturaleza humana".

"Es una mala costumbre afirmar que los pensamientos ajenos son malos, que sólo los nuestros son buenos y que quienes sostienen puntos de vista distintos de los nuestros son enemigos de la patria".

"La bondad debe unirse a la sabiduría. La mera bondad no basta. Se debe conservar el sutil discernimiento que acompaña al valor espiritual y al carácter. En una situación crucial debemos saber cuándo hablar y cuándo permanecer en silencio, cuándo obrar y cuándo evitar la acción".

"En esas circunstancias la acción y la no acción se vuelven idénticas en vez de ser contradictorias".

"Creo firmemente que la salvación de la India depende del sacrificio y de la lucidez de sus mujeres".

"Según mi opinión, de la misma manera en que hombre y mujer son fundamentalmente uno, en esencia también sus problemas deben ser uno".

"En ambos el espíritu es el mismo. Ambos viven la misma vida, tienen idénticos sentimientos. Cada uno es complemento del otro. Ninguno de los dos puede vivir sin la activa ayuda del otro".

"Si yo hubiera nacido mujer, me habría rebelado contra cualquier pretensión del hombre de que la mujer ha nacido para ser su juguete. Mentalmente me he transformado en mujer para penetrar en su corazón. No pude penetrar en el corazón de mi mujer hasta que no me decidí a tratarla de manera diferente de la que acostumbraba, y de ese modo le devolví todos sus derechos despojándome de todos los supuestos derechos que me concedía mi condición de marido".

"La mujer debe dejar de considerarse a sí misma el objeto de la lujuria masculina. La solución está más en sus manos que en las del hombre..."

"Si la no violencia es la ley de nuestro existir el futuro pertenece a la mujer".

"Debiéramos avergonzarnos de descansar o de disponer de una comida completa mientras haya un hombre o una mujer físicamente apto sin trabajo o sin alimento".

"Le es permitido al mundo... reírse de mí porque me desprendo de toda propiedad. Para mí ese desprendimiento ha sido una ganancia positiva. Me agradaría que la gente compitiera conmigo en mi satisfacción. Es el más valioso tesoro que poseo. Por lo tanto acaso sería válido afirmar que aunque predico la pobreza soy un hombre rico".

"Aun en un mundo más perfecto fracasaríamos en el intento de evitar las desigualdades, pero podemos y debemos evitar la rivalidad y la amargura".

"La idea de la guerra de clases no me atrae. En la India una guerra de clases no sólo no es inevitable sino que inclusive puede evitarse si hemos comprendido el mensaje de la no violencia. Quienes hablan de la guerra de clases como de algo inevitable no han comprendido las implicaciones de la no violencia o las han comprendido sólo a flor de piel".

"El absoluto renunciamiento a todas las posesiones personales es algo que muy pocos, inclusive entre la gente común, son capaces de poner en práctica".

"La civilización, en el verdadero sentido de la palabra, no consiste en la multiplicación de necesidades sino en su deliberada y voluntaria restricción. Sólo eso suscita felicidad y satisfacción reales y aumenta la capacidad de ser útil".

"La perfecta salud sólo puede lograrse viviendo en obediencia a las leyes de Dios y desafiando el poderío de Satanás. La verdadera felicidad es imposible sin verdadera salud y la verdadera salud es imposible sin un estricto control del paladar. Todos los demás sentidos automáticamente son controlados cuando el paladar ha sido controlado. Y aquel que ha conquistado sus sentidos, en realidad ha conquistado el mundo íntegro..."

"He aprendido mediante amargas experiencias la única y suprema lección para preservar mi cólera, y así como el calor preservado se transforma en energía, de igual manera nuestra cólera controlada puede transformarse en un poder capaz de mover el mundo".

"El hecho no consiste en que no me encolerice sino en que retengo la cólera. Cultivo la cualidad de la paciencia como la falta de cólera, y por lo común tengo éxito".

"Es equivocado e inmoral intentar escapar a las consecuencias de nuestros propios actos. Está bien que una persona sobrealimentada padezca dolores... Está mal que alimente su apetito y que luego escape a las consecuencias tomando medicinas..."

"Mi resolución ya está tomada. En el solitario camino de Dios en el que me he internado, no necesito compañeros terrenales. Por lo tanto, dejemos que quienes lo deseen me acusen de impostor, tal como ellos imaginan que lo soy, aunque no lo digan de manera tan explícita. Eso podría desilusionar a millones de personas que insisten en considerarme un Mahatma. Debo confesarlo: la perspectiva de que me bajen del pedestal me complace extraordinariamente".

"La primera condición de la no violencia es la justicia en absolutamente todos los aspectos de la vida. Acaso eso sea mucho esperar de la naturaleza humana. Sin embargo, no lo creo así. Nadie debiera dogmatizar acerca de la capacidad de la naturaleza humana para degradarse o elevarse".

"Si meramente amamos a quienes nos aman, eso no es no violencia. Sólo existe la no violencia cuando amamos a quienes nos odian. Sé cuán difícil es acatar esta gran ley del amor... El amor al que odia es lo más difícil. Pero, por la gracia de Dios, aun esto tan difícil se torna fácil de cumplir si queremos hacerlo".

"Comprendo que las naciones, igual que los individuos, sólo pueden formarse por medio de la agonía de la Cruz y no de otra manera. La alegría no procede de las penas que infligimos a los demás sino de las penas que sobrellevamos voluntariamente".

"Algunos amigos me han dicho que la verdad y la no violencia están fuera de lugar en la política y en los asuntos mundanos. No estoy de acuerdo con ellos. No las he utilizado como instrumentos para la salvación individual. Su ingreso y su aplicación a la vida cotidiana ha sido mi ininterrumpida práctica".

"El principio fundamental de la no violencia se basa en abstenerse de la explotación en cualquiera de sus formas".

"La historia nos enseña que aquellos que, sin duda por motivos honestos, han acosado a los hambrientos utilizando la fuerza bruta contra ellos, a su vez se han transformado en presa de la enfermedad de los conquistados".

"Si yo no puedo tener nada que ver con la violencia organizada del gobierno, aún mucho menos tendré que ver con la desorganizada violencia del pueblo. Preferiría que entre ambos me aplastaran".

"Jesucristo y Sócrates representaron la forma más pura de resistencia pasiva o fuerza espiritual. Para todos esos maestros el cuerpo no significaba nada en comparación con el espíritu".

"No me opongo al progreso de la ciencia en sí misma. Por el contrario, el espíritu científico de Occidente suscita mi admiración, y si esta admiración tiene restricciones, ello se debe a que los hombres de ciencia occidentales no respetan la creación inferior de Dios. Aborrezco la vivisección con toda mi alma".

"Cuando hablo de religión no aludo a la formal ni a la ritualista, sino a esa religión que se encuentra por debajo de todas las religiones y que nos enfrenta cara a cara con nuestro Creador".

"Sé... que nunca hubiera conocido a Dios si no hubiera luchado contra el mal aun a costa de la vida misma".

"Me esfuerzo por ver a Dios a través del servicio prestado a la humanidad pues sé que Dios no está en el cielo, ni aquí abajo, sino en cada uno. Si un hombre llega al corazón de su propia religión, también ha llegado al corazón de las otras".

"¿Qué importa que tomemos distintos caminos siempre que lleguemos a la misma meta? En realidad, hay tantas religiones como individuos".

"Que nadie, ni por un momento, abrigue el temor de que un estudio reverente de las otras religiones pueda debilitar su fe en la propia. El sistema hindú de filosofía considera que todas las religiones contienen en sí elementos de verdad y prescribe e impone una actitud de respeto y reverencia hacia todas ellas".

"Creo en la verdad fundamental de todas las grandes religiones del mundo".

"Yo no soy más que un buscador de la verdad. Pretendo haber encontrado un camino que conduce a ella y hacer todo lo que está a mi alcance para alcanzar la meta. Pero confieso no haber llegado a ello".

Este humilde monumento marca el lugar donde fuera asesinado uno de los mayores filósofos y luchadores por la paz de toda la historia, su enseñanza sigue viviendo en las esperanzas de toda la población no sólo de la India, sino del mundo entero.

Bibliografía

Adresco, V., *Mohandas Karamchand Gandhi, el gran indio*, Madrid, Casa Goñi, 1948.

Fischer, Louis, *Gandhi, su vida y su mensaje al mundo*, México, Diana, 1970.

Fischer, Louis, *La vida de Mahatma Gandhi*, 1950.

Gandhi, *Todos los hombres son hermanos*, Madrid, Sociedad de Educación Atenas, 1981, 259 pp.

Gandhi, Mahatma, *Mi socialismo*, Buenos Aires, Editorial La Pleyade, 1973, 124 pp.

Gandhi, Mahatma, *La llave de la salud*, México, D.F., Editorial Posada, 1984, 183 pp.

Godoy, Emma, *Mahatma Gandhi*, México, Diana, 1983.

González, Luis Jorge, *El secreto de Gandhi*, México, D.F., Editorial Progreso, 1985, 288 pp.

Mala, Mohan, *Mahatma Gandhi, aquí y ahora*, Argentina-Colombia-México, Editorial Hastinapura, 1986, 123 pp.

Prieto, Jorge Mejía, *Biografía espiritual de Mahatma Gandhi*, México, Editorial Universo, 1990, 150 pp.

Rolland, R., *Mahatma Gandhi*, Buenos Aires, S.A.D.E., 1942.

Rolland, Romain, *Gandhi*, Buenos Aires, Editorial Siglo Veinte, 1986, 155 pp.

Woodcock, George, *Gandhi*, México, D.F., Grijalbo, 1973, 197 pp.

NOTAS

NOTAS

TÍTULOS DE ESTA COLECCIÓN

Abraham Lincoln
Adolfo Hitler
Albert Einstein
Alexander Graham Bell
Alejandro Magno
Beethoven
Benito Mussolini
Buda
Carlota
Casanova
César Borgia
Charles Chaplin
Cleopatra
Conde Cagliostro
Confucio
Cristóbal Colón
Dante Alighieri
Diana Princesa de Gales
Ernest Hemingway
Ernesto Che Guevara
Evita Perón
Federico Nietzsche
Franz Kafka
Gandhi
Gengis Kan
Harry Houdini
Hernán Cortés
Jesús
John F. Kennedy
Joseph Fouché
Juan Pablo II
Juan XXIII
Juana la Loca
Julio César
Karl Marx
Leonardo Da Vinci
Lucrecia Borgia
Madre Teresa de Calcuta
Mahoma
Marco Polo
María Antonieta
María Tudor
Marilyn Monroe
Marqués de Sade
Miguel Ángel
Mozart
Napoleón
Nicolás Maquiavelo
Oscar Wilde
Pablo Picasso
Pitágoras
Rasputín
René Descartes
Ricardo Corazón de León
Salvador Dali
San Francisco de Asís
Sigmund Freud
Vincent Van Gogh
Vlad Tepes
William Shakespeare

Esta obra se Imprimió
En los talleres de
IMPRESOS MEGAUNIÓN S. A. de C.V.
Calle 10 № 1 esq. Av 6 pte
Col. Renovación Deleg. Iztapalapa
C. P. 09209 México D. F.
Tel: 15 46 31 62